Escritos sobre feminismo, ateísmo y pesimismo

Helene von Druskowitz

Escritos sobre feminismo, ateísmo y pesimismo

Proposiciones cardinales del pesimismo
Intentos modernos de sustituir a la religión

Introducción, traducción y notas de
Manuel Pérez Cornejo, *Viator*

Título original: *Pessimistische Kardinalsätze. Ein Vademekum für die freiesten Geister. Moderne Versuche eines Religionersatzes.*

© de la edición, Taugenit S.L., 2020
© de la introducción, traducción y notas, Manuel Pérez Cornejo, 2020

Diseño de cubierta: Gabriel Nunes
ISBN: 978-84-17786-06-9
DL: M-5035-2020

Cualquier forma de reproducción, distribución, comunicación pública o transformación de esta obra solo puede ser realizada con la autorización de sus titulares, salvo excepción prevista por la ley. Diríjase a CEDRO (Centro de Derechos Reprográficos) si necesita reproducir algún fragmento de esta obra (www.conlicencia.com).

www.taugenit.com

Impreso en Kadmos (P. I. El Tormes. Río Ubierna 12-14. 37003 Salamanca).
Printed in Spain - Impreso en España

Índice

Introducción. El feminismo pesimista de Helene von
Druskowitz: vida y obra de un espíritu (más) libre
Por Manuel Pérez Cornejo, *Viator* 9

1. Trayectoria vital de Helene von Druskowitz:
   de joven prodigio a las tinieblas
   del psiquiátrico 10
2. La filosofía de Helene von Druskowitz:
   del optimismo ateísta radical a una
   fundamentación pesimista del feminismo 26
3. Bibliografía 43

Proposiciones cardinales del pesimismo.
Un vademécum para los espíritus más libres 49

I. No existe ningún Dios, en el sentido habitual
   de este término 53
II. El Principio Superior ha de concebirse
    solo platónicamente 57
III. La materia 60
IV. El hombre como imposibilidad lógica y ética
    y como maldición del mundo. Erradicación
    del hombre — Significación de la mujer 62
V. Panel masculino. Proposiciones normativas
   para el sexo masculino 78
VI. Panel femenino. Máximas para las mujeres 83

Intentos modernos de sustituir a la religión.
Ensayo filosófico 89

Introducción. El feminismo pesimista de Helene von Druskowitz: vida y obra de un espíritu (más) libre
Manuel Pérez Cornejo, *Viator*

> Igual que luz y tinieblas se excluyen mutuamente, todas las cosas están dominadas por la contradicción.
>
> El mundo es un enigma; nosotros somos un enigma; la vida es un enigma, y la muerte también lo es.
>
> Solo somos capaces de perfeccionarnos a nosotros mismos, en tanto nos sentimos permanentemente acompañados de un sentimiento de insatisfacción.
>
> Helene von Druskowitz

> [...] Se vio obligado una vez más a llegar a la misma conclusión: no cabía duda de que las mujeres eran mejores que los hombres. Eran más dulces, más amables, más cariñosas, más compasivas, menos inclinadas a la violencia, al egoísmo, a la autoafirmación, a la crueldad. Además, eran más razonables, más inteligentes y más trabajadoras. [...] Desde todos los puntos de vista, un mundo compuesto solo de mujeres sería infinitamente superior; evolucionaría más despacio, pero con regularidad, sin retrocesos ni nefastas recriminaciones, hacia un estado de felicidad común.
>
> Michel Houellebecq
Las partículas elementales

1. Trayectoria vital de Helene von Druskowitz: de joven prodigio a las tinieblas del psiquiátrico

Helene von Druskowitz, en opinión de Luisa Murano, «pertenece a aquellos miembros de la especie humana que tienen el don de poseer un pensamiento independiente [...], [como] Sócrates, Hipatia de Alejandría, Margarita Porete, Giordano Bruno, Wilhelm Reich... Son los imperdonables, como los llama Cristina Campo»[1], personas que terminan pagando muy clara su decisión de vivir y pensar libremente. Ella, igual que su *bête noire,* Friedrich Nietzsche, se vio internada con solo treinta y cinco años en un hospital psiquiátrico, seguramente por la autonomía e independencia hacia las normas y usos sociales e intelectuales de las que hizo gala a lo largo de toda su vida; y allí moriría en 1918, cuando la Primera Guerra Mundial tocaba a su fin (una contienda que, quizás, habría interpretado nuestra autora como la expresión más evidente de la nefasta voluntad de poder propugnada por el filósofo de Röcken).

Helene von Druskowitz (su nombre real era Helena Maria Druschkovich) nació el 2 de mayo de 1856 en Hietzing (Viena). Sus padres tenían tres hijos, y ella era la más joven y la única mujer. A la edad de dos años, su padre murió y la herencia le permitió, tanto a ella como a sus hermanos, recibir una educación superior, destacando muy pronto por sus inusitadas dotes intelectuales. Ella misma, recordando su niñez, se describe como una niña superdotada:

> Desde la infancia fuiste objeto de distinción y el orgullo de tus benditos padres. Aunque todavía eras una muñequita, no había

---

[1] Cf. Murano, L., «Presentazione», en Druskowitz, H. v., *Una filosofa dal manicomio (A cura di Maria Grazia Mangione),* Editori Riuniti, Roma, 1993, p. IX.

Introducción. El feminismo pesimista de Helene von Druskowitz

montaña ni río que no estuviesen en tu cabeza, recubierta de bonitos cabellos negros. Todos los héroes y heroínas, con sus batallas, habitaban en ella, y al mismo tiempo tenías un soberano conocimiento del reino animal, vegetal y mineral. Todos decían que eras una niña prodigio.[2]

En primer lugar, Helene se decidió por la música y cursó la carrera de piano en el conservatorio de Viena hasta 1873. Al mismo tiempo recibió clases privadas que le permitieron realizar, en 1874, el examen de habilitación para el *Pieristen Gymnasium* de la capital austríaca (los institutos estaban reservados para alumnos varones). Ese mismo año —quizá como consecuencia del llamado *Gründerkrach* de 1873, que arruinaría, entre otros, al filósofo y poeta Philipp Mainländer—, se trasladó con su madre a Zúrich, cuya universidad admitía mujeres desde 1867. Allí, entre 1874 y 1878, estudió filosofía, filología germánica, arqueología y filosofía oriental, así como diversos idiomas contemporáneos. En 1878, con veintidós años, conseguiría el título de doctora en Filosofía, con la disertación titulada *Byron's «Don Juan»*, que sería publicada en 1879. Era la primera austríaca en obtenerlo y la segunda mujer en elevarse a este grado después de la polaca Stefania Wolicka (1851-1895), que lo había logrado en 1875. Estaba preparada para ingresar en la *Geistesaristokratie* de la época[3].

Estaba claro que Helene no se iba a dejar encasillar en los habituales roles femeninos de su tiempo: impartió conferencias en diferentes ciudades (Viena, Múnich, Zúrich, Basilea...)

---

[2] Druskowitz, H. v., *Unerwartet*, Rudolf Petzhold, Dresde, 1889, p. 102.
[3] Ursula Kubes-Hoffmann ha señalado que, con los criterios actuales, Helene fue promocionada en literatura, aunque sus estudios habían sido de filosofía y los había realizado en esta Facultad: cf. Kubes-Hoffmann, U., «Traum und Wirklichkeit der Helene von Druskowitz», ÖZG, 25/2014/3, pp. 156 y 172, n. 7.

y viajó por diversos países: Francia, Italia, España, norte de África... En 1881 entró en los salones vieneses, donde conoció a Marie von Ebner-Eschenbach (1830-1916), ingresando en su círculo literario y estableciendo relaciones con Betty Paoli (1815-1894), Ida von Fleischl-Marxow (1824-1899) y Louise von François (1817-1893), quien, a su vez, la presentó al literato Conrad Ferdinand Meyer (1825-1898). Este diría de ella:

> Tiene algo de turco o de serbio en su aspecto; y, a la vez, se sabe al dedillo todas las teorías filosóficas modernas, algo que tiene muy poco de turco. Creo que vale mucho, y si puedo echarle una mano en su rápido ascenso, lo haré con mucho gusto.[4]

Comienza a publicar diversos escritos, como el drama *Sultan und Prinz* (1881), que no tuvo éxito, y diversos trabajos literarios y de crítica musical, utilizando multitud de seudónimos: «Adalbert von Brunn», «Erna von Calagis», «H. Foreign», «Frl. E. v. René», «H. Sakkorausch», «H. Sakrosant»...). En 1884, nuestra doctora publica un libro dedicado a estudiar la figura de Percy B. Shelley, continuando así su interés por la literatura romántica anglosajona, que nunca le abandonará, pues traduce a Algernon Charles Swinburne y estudia a William Blake; en 1885 dedica un ensayo titulado *Drei englische Dichterinnen* a tres escritoras británicas: Joanna Baillie, Elizabeth Barrett-Browning y George Eliot.

Si en su disertación doctoral Druskowitz había valorado a Lord Byron como el prototipo del dandi —alguien a medio camino entre el intelectual y el artista, capaz de reunir lo que

---

[4] Cf. Murano, L., «Presentazione», en Druskowitz, H. v., *Una filosofa dal manicomio, op. cit.*, p. XIV. Meyer cumpliría su promesa, recensionando favorablemente el estudio de Druskowitz sobre Shelley, que mencionaremos a continuación, en el *Magazin für die Literatur des In- und Auslandes* de 1884.

Introducción. El feminismo pesimista de Helene von Druskowitz

Nietzsche había llamado «lo apolíneo» y «lo dionisíaco», en su carácter excéntrico, rebelde, escandaloso, enamorado de la libertad, misántropo y dominado por el fastidio universal *(Weltschmerz)*—, en su escrito sobre Shelley, Druskowitz alababa la capacidad de este gran poeta romántico para unir lo antiguo y lo nuevo, aspecto que ella consideraba clave para afrontar los conflictos de la época actual; también apreciaba su particular apasionamiento por la naturaleza, así como su tolerancia, su defensa de los derechos de los débiles y su arrebatadora creatividad lírica. A través de Shelley, asimismo, Druskowitz entró en contacto con el ensayo de Mary Wollstonecraft *A Vindication of the Rights of Woman* (1792), que le hizo comprender la necesidad de reaccionar contra el orden social y el sufrimiento del mundo, especialmente del sexo femenino. Adhiriéndose desde entonces a los postulados de una sociedad libre[5], Helene pasará a contraponer el modelo de mujer emancipada planteado por Wollstonecraft al ideal femenino schilleriano, que circulaba en la sociedad germana del momento.

También en 1884 entra en contacto con el círculo que se reúne en torno a Malwida von Meysenbug, formado por personajes como Rainer Maria Rilke, Meta von Salis, Resa von Schirnhofer, Paul Rée, Lou Andreas-Salomé o Nietzsche, con quien se entrevista y mantiene contacto epistolar[6]. En una carta dirigida a su hermana el 22 de octubre de 1884, le dice Nietzsche:

---

[5] Cf. Kubes-Hoffmann, U., «Traum und Wirklichkeit der Helene von Druskowitz», *op. cit.*, p. 156, y Gudrun, A., «Helene von Druskowitz *Pessimistische Kardinalsätze* (1905) als Manifest», en Institut für die Wissenschaften vom Menschen. *Transit (Europäische Revue)*.

[6] Sobre las relaciones entre Helene von Druskowitz y Nietzsche, cf. Druskowitz, H. v., *Una filosofa dal manicomio, op. cit.*, pp. XIV-XV.

Por la tarde di un largo paseo con mi nueva amiga Drudkowitz [*sic*], que vive con su madre a pocas casas de distancia de la pensión «Neptun»; entre todas las mujeres que he conocido, es la que se ha dedicado con mayor seriedad a la lectura de mis libros y no sin obtener frutos. Mira a ver si te gustan sus últimos trabajos *(Tres poetisas inglesas,* entre las cuales Eliot, de la que es gran admiradora, y un libro sobre Shelley). Ahora está traduciendo al poeta inglés Swinburne. Me parece una criatura de alma noble y recta, que no puede perjudicar a mi «filosofía».[7]

Parece que, inicialmente, había una estima recíproca entre ambos amigos y que Nietzsche creyó incluso haber encontrado en ella a la discípula que no había conseguido con Lou Andreas-Salomé[8]. Sus conversaciones debieron girar particularmente en torno a la libertad de la voluntad, cuestión que tan importante papel ocupaba en los escritos juveniles de Nietzsche. Por lo demás, la influencia de la joven debió de ser tan decisiva que Nietzsche se planteó publicar con el editor berlinés Oppenheim, que era quien publicaba sus libros y los de Karl Hillebrand[9]. Por su parte, en una carta a C. F. Meyer, Helene afirma: «En Nietzsche sobrevive algo del espíritu y del impulso rapsódico de los antiguos profetas».

Pero en diciembre de ese mismo año ya aparecen signos evidentes de distanciamiento entre ambos. En una carta a Meyer del 22 de diciembre de 1884, la joven expresa, ya sin

---

[7] Nietzsche, F., *Correspondencia. Volumen IV,* ed. de L. E. de Santiago Guervós, Trotta, Madrid, 2010, p. 494. Ha de tenerse en cuenta la influencia de la poesía de Shelley sobre la figura de Zaratustra.
[8] Diethe, C., *Nietzsche's Women: Beyond the Whip,* Walter de Gruyter, Berlín/Nueva York, 1996, p. 96.
[9] Janz, C. P., *Friedrich Nietzsche 3. Los diez años del filósofo errante,* Alianza Editorial, Madrid, 1985, pp. 279-281.

Introducción. El feminismo pesimista de Helene von Druskowitz

ambages, sus dudas sobre la capacitación filosófica de aquel filólogo metido a filósofo:

> Mi entusiasmo por la filosofía de Nietzsche se ha revelado como una mera *passion du moment,* un miserable fuego de paja. Sus aires de profeta ahora me parecen ridículos. ¿Quién negaría a este hombre abundancia de espíritu y un gran talento para la forma? Sin embargo, su entusiasmo es solo suficiente para pronunciarse con refinamiento sobre algún que otro problema, en forma de reflexiones; pero no basta, como él cree, para los grandes problemas filosóficos, que trata más bien superficialmente y sin verdadera seriedad.[10]

Al año siguiente, Helene mostraría intención de devolverle a Nietzsche el manuscrito del *Zaratustra IV,* que Nietzsche le había enviado (este envío demuestra que él aún creía en su capacidad filosófica y en un posible discipulado por parte de ella[11]). Completamente alejada ya de la «filosofía nietzscheana» —que nunca reconocería como tal—, la joven pronunciaba en *Moderne Versuche eines Religionsersatzes* su sentencia definitiva sobre la misma:

---

[10] Cf. Druskowitz, H. v., *Una filosofa dal manicomio, op. cit.*, p. XV, y Löchel, R., «Hasset die Männer!», Vor 150 Jahren wurde die pessimistischen Radikalfeministin Helene von Druskowitz geboren, en www.literaturkritik.de.

[11] En una postal, fechada en Venecia el 1 de agosto de 1885, le decía Nietzsche a Heinrich Köselitz: «Querido amigo: Discúlpeme otro pedido de envío de un ejemplar del Z[aratustra]: a la señorita Helene Druscowicz (la dirección es Unter-St. Veit bei Wien). Esta muchacha me escribió en estos días de manera muy amable y espontánea: y usted sabe que hay que estar agradecido por todo lo espontáneo sobre la tierra, ¡es tan poco frecuente!» (Nietzsche, F., *Correspondencia. Volumen V,* ed. de L. E. de Santiago Guervós, Trotta, Madrid, 2011, p. 87).

Tampoco puede negarse que exista algún que otro pensamiento original y geniales relámpagos luminosos en sus análisis psicológicos. Pero, en general, puede decirse de sus reflexiones filosóficas que el tratamiento de los problemas no armoniza con su importancia; que expresiones de auténtica sabiduría alternan con inútiles ocurrencias y dudosas sofisterías; pruebas de auténtica agudeza, con paradojas, y en ocasiones lamentables errores, y que el autor casi se contradice en cada punto. [...]
El pensamiento que se encuentra en el fondo de *Zaratustra* es una consecuencia del darwinismo, y ya había sido expresado repetidamente antes de Nietzsche. No obstante, debe concedérsele a este haberlo concebido de manera más afectiva que cualquier otro. Sin embargo, como le sucede a menudo, Nietzsche es desviado por el afecto, de manera que apunta muy por encima y mucho más lejos de la meta.

Al conocer estas opiniones críticas, Nietzsche reaccionó como solía hacerlo en estos casos: con furia y dirigiendo a su antigua amiga invectivas personales. Conservamos un borrador de respuesta a una carta no conservada de Helene, fechado a mediados de agosto de 1885, en el que Nietzsche muestra su enojo por la opinión adversa de la filósofa en relación con el contenido de su obra:

Mi estimada señorita:
El ejemplar le estaba enviado en propiedad, pero algo diferente es apropiarse siquiera de una palabra de él. ¡Y ahora quiere usted incluso escribir sobre esas cosas!, respecto de las cuales aún no ha vivido nada, ni mucho menos tenido ese sacudimiento sagrado e interior que tendría que preceder a todo grado de comprensión.
Para mi triste sorpresa, observo de su —— —— por lo que sé de estas p[ersonas] actuales, mi esperanza es pequeña.

Introducción. El feminismo pesimista de Helene von Druskowitz

Disculpe, mi estimada señorita, pero no soy de aquellos que «hacen lit[eratura]», ni mucho menos de los que creen que se puede hablar públicamente de todas las cosas. A quien no me está agradecido desde el fondo más profundo de su corazón por el hecho de que simplemente haya expresado algo así como mi Z[aratustra], a quien no bendice toda existencia por el hecho de que sea posible en él algo como este Z[aratustra], le falta todo, oído, entendimiento, profundidad, formación, gusto y, en general, la naturaleza de un «ser humano escogido». A estos escogidos quiero atraer a mí con ello: — — —
Ps. El ejemplar enviado, mi querida y estimada señorita, le pertenece por supuesto en propiedad.

Por lo que se refiere a su carta, sincera, aunque no precisamente prudente y perspicaz, quizá ni siquiera especialmente «modesta», digo, como con frecuencia: ¡qué pena no tener una media hora de diálogo cuando es necesario! Este mismo invierno provoqué que un respetuoso y muy entregado compañero de mi edad rompiera de vergüenza en pedazos un artículo que había escrito sobre mí.[12]

Transcurrido poco más de un año, en una carta a Malwida von Meysenbug, de finales de febrero de 1887, Nietzsche le dice:

Me han dicho que una señorita Druscowitz [sic] ha ofendido a mi hijo Zaratustra con una presumida cháchara literaria: parece que por algún delito he dirigido contra mi pecho el cañón de las plumas femeninas — ¡y está bien así! Porque, como dice mi amiga Malwida: «¡Soy aún peor que Schopenhauer!».[13]

---

[12] Nietzsche, F., *Correspondencia. Volumen V*, *op. cit.*, p. 93.
[13] *Ibid.*, p. 275.

Escritos sobre feminismo, ateísmo y pesimismo

El 17 de octubre de 1887 Nietzsche aún le decía a Carl Spitteler: «La pequeña tontuela literaria Druscowicz [sic] es cualquier cosa menos mi "discípula"»[14]. El propio Meyer, por su parte, dentro de los parámetros misóginos de la época, que no podían comprender que la joven filósofa se hubiese percatado de la pomposa vaciedad y del carácter meramente literario de muchos de los argumentos nietzscheanos, salió en defensa del dolido filólogo: «También debería —se refería a Helene— dejar de fustigar al profesor Nietzsche: se diría que hubiera querido casarse con él»[15]. La verdad es que aquella «tontuela» no cejaría en su mordaz empeño, y en 1888 volvería al ataque, defendiendo a Eugen Dühring frente a Nietzsche en su escrito: *Eugen Dühring. Eine Studie zu seiner Würdigung [Eugen Dühring. Un escrito en su honor]*. Allí declaraba:

> Es un hecho que existe una forma de justicia en la raíz de los sentimientos reactivos; y las deliberaciones del propio Nietzsche sobre este tema son incompletas y vagas —características que, incidentalmente, pertenecen a todos los posicionamientos de este escritor.[16]

Druskowitz llevaría su decepción hacia Nietzsche y su pensamiento hasta el punto de describirlo unos años más tarde, en *Pessimistische Kardinalsätze*, como un «enemigo mortal de la filosofía»:

> Entre las memeces más infames a las que se ha visto sometido el mundo germánico se encuentra el homenaje a un tal Nietzsche,

---

[14] *Ibid.*, p. 369. La expresión literal que emplea Nietzsche es «gansa literaria».
[15] Carta de Meyer a François, 15-10-1888 (cf. Druskowitz, H. v., *Una filosofa dal manicomio, op. cit.*, p. XVI).
[16] Diethe, C., *Nietzsche's Women: Beyond the Whip, op. cit.*, p. 98.

Introducción. El feminismo pesimista de Helene von Druskowitz

que ha promocionado aquel malvado rasgo fundamental [*i. e.*: la voluntad de poder] de la manera más condenable y estúpida. Es, y sigue siendo, inconcebible cómo pudo llegar la inteligencia germánica a la desgracia que ha supuesto este ridículo filólogo suizo, tan estupendamente caricaturizado por el escritor y novelista G. Keller bajo el personaje del conde Strapinski, en su relato *El hábito hace al monje*. Afortunadamente, pronto se ha tomado posición frente a este escritor tonto y de espíritu completamente idiotizado, por lo que esperamos no vernos más en la penosa tesitura de tener que poner en ridículo a un sujeto de tal manera inflamado por la nobleza vulgar, por la clerigalla y sus ridiculeces. Pues aquel loco no solo fue, por una parte, un enemigo mortal de la filosofía, sino que también lo fue del simple cristianismo, cuya doctrina moral, aunque no muy profunda, puede, no obstante, llamarse buena, y no tiene nada que ver con la vulgar arbitrariedad.

Retomando la trayectoria intelectual de la pensadora austríaca, parece evidente que dicha trayectoria se fue situando de forma cada vez más acusada al margen y a la contra de los parámetros femeninos de su época (como se pone de manifiesto en su obra *Unerwartet* [*Lo inesperado*] (1889): nunca llegó a sentirse a gusto en ningún país ni con credo religioso alguno. Abiertamente atea, rechazó, además, el matrimonio, al que consideraba:

Una institución inadecuada para mujeres capaces. El hombre capaz —decía—, puede considerarlo como su pacífico lugar de esparcimiento en el que reúne y despliega sus fuerzas; pero una mujer que sea capaz se hunde en él; y yo quiero desarrollar [la expresión literal es: «vivir»] mis talentos.[17]

[17] Gronewold, H., «Helene von Druskowitz, 1856-1918. Die geistige Amazone», en Duda, S. y Pusch, L. F., *Wahnsinns-frauen,* Fráncfort del Meno, Suhrkamp Taschenbuch Verlag, 1992, p. 100.

Bebía, fumaba y se declaraba, además, orgullosamente «anormal», aludiendo a sus inclinaciones lésbicas, que la llevarían a entablar relaciones amorosas con la cantante de ópera Therese Malten, soprano dramática, activa sobre todo en el Teatro de la Ópera de Dresde (y que había sido elegida por Wagner para alternar con Amalie Materna y Marianne Brandt en el papel de Kundry en la primera representación del *Parsifal*).

Al mismo tiempo desarrolla una importante actividad en el marco del feminismo: escribe en las revistas *Der heilige Kampf* [*La lucha sagrada*] y *Der Fehderuf* [*Llamada a las armas*] y publica piezas literarias como *Die Emanzipations-Schwärmerin* (1890), en la que se pone de manifiesto que, aunque consideraba que las mujeres poseen los mismos derechos que los hombres, no por eso debe perseguirse una confusión de los sexos. En esta comedia, Druskowitz opone a las mujeres supuestamente «emancipadas», que sueñan con la liberación mediante grandilocuentes discursos, la figura de una estudiante que afirma:

> A mí me parece, sin embargo, que las mujeres deberíamos actuar ahora y aprovechar, conforme a nuestras fuerzas, la libertad que se nos garantiza. Cada mujer que posea talento para un determinado asunto debe tratar de ponerlo en práctica, pues solo si cada individuo particular muestra talento podrá crecer la opinión sobre la capacitación de las mujeres en general. Solo el talento puede demostrarse a sí mismo. Dejen ustedes a una doctora que realice una difícil operación, o que diagnostique y acabe con una enfermedad complicada, y promoverá con ello mucho más la cuestión femenina que cientos de discursos públicos a favor de nuestro sexo.[18]

---

[18] Druskowitz, H. v., *Die Emanzipations-Schwärmerin,* Dresde, 1890, pp. 16-17.

Introducción. El feminismo pesimista de Helene von Druskowitz

Tras perder entre 1886 y 1888 a sus dos hermanos y a su madre, Helene se trasladó a Dresde, donde fue cayendo progresivamente en el alcoholismo y en una bancarrota tanto financiera como emocional, lo que contribuyó a su ruptura con Malten en 1891. Ese mismo año, presa de alucinaciones, fue hospitalizada y puesta bajo tutela, primero en el psiquiátrico de Dresde y luego en el Heil- und Pflegeanstalt Mauer-Öhling, con el diagnóstico de «megalomanía» y «misandria», cumpliéndose en ella un destino muy parecido al de Nietzsche. La verdad es que, aunque es cierto que su estado de salud mental era preocupante (si nos fiamos de sus cuidadores, Druskowitz afirmaba sentirse perseguida por los hombres y tenía miedo de ser víctima de sus ataques sexuales), los auténticos motivos de su internamiento nunca estuvieron claros, y parece, más bien, que detrás de ellos se encontraba una suerte de reacción de la sociedad ante una persona incómoda que, adelantada a su tiempo, se había atrevido a desafiar las normas morales del momento. La filósofa misma, ya ingresada, declaró en cierta ocasión sentirse víctima de «un crimen social perpetrado contra ella»[19].

Traute Hensch ha seguido con detenimiento los informes médicos que se fueron emitiendo sobre aquella paciente tan peculiar, en los que se da cuenta de su estado y actividad:

> La paciente recibe a los médicos con una noble y condescendiente dignidad; de primeras habla poco y responde solo con una imperceptible inclinación de la cabeza. Se lamenta del crimen social perpetrado contra ella. (Mauer-Öhling, 15-06-1891)

[19] Cf. De Martino, G. y Bruzzese, M., *Las filósofas. Las mujeres protagonistas en la historia del pensamiento,* Cátedra, Universitat de València, Instituto de la Mujer, Madrid, 1996, p. 355.

Está tranquila y algo indignada por haber sido trasladada en contra de su voluntad. [...] En este período lee mucho. [...] Se encuentra completamente orientada en el tiempo, es ordenada y, por lo general, se muestra calmada. (*Ibid.*, 8-10-1894)

A la altura de 1904-1905, después de catorce años de internamiento y de estar sometida a un tratamiento psicofarmacológico ininterrumpido, los informes no son muy distintos, aunque registran matices importantes: indican que la filósofa se interesa cada vez más por el espiritismo y la meditación (mantiene contactos con la Spiritistischen Vereinigung in Köln), nos dicen que ha llegado a creer que está en contacto telepático con personalidades de la nobleza; que ella misma sostiene haber sido concebida de manera sobrenatural, siendo hija de un príncipe búlgaro llamado Tedesco Vertravin, y que, además, mantiene la existencia de un «sexto sentido», cuyo cultivo permitiría a la humanidad alcanzar la perfección; dichos informes destacan, asimismo, que, a pesar de su encierro, Helene seguía trabajando incansablemente:

> Siempre el mismo cuadro clínico: se trata de una persona con un elevado concepto de sí misma y mucha autoestima; muy selectiva en las relaciones con los pacientes, pero siempre gentil y afable; se ocupa de problemas filosóficos, escribe tratados, pone anuncios en las revistas. [...] Está tratada continuamente con hipnóticos. Realiza a la perfección actividades literarias. Compone con una caligrafía ininteligible confusos tratados andrófobos. [...] Se muestra creativa y se dice espiritista y socialista. Todavía quedan restos consistentes de la vasta cultura que antes poseía. [...] Aunque agitada por alucinaciones, la paciente sigue siendo inofensiva.
>
> Su comportamiento no varía: fuma tabaco en pipas inglesas, se muestra diligente, se prepara el té, compone poesías alaban-

Introducción. El feminismo pesimista de Helene von Druskowitz

do el alcohol, escribe ilegibles y confusos dramas y tratados filosóficos, manda sátiras andrófobas a revistas feministas y se siente en el ápice de su actividad literaria. Sufre mucho por la carencia de aprecio de sus semejantes, pero, no obstante, es inofensiva, buena y se muestra muy agradecida ante cualquier palabra cortés que le dirija cualquier hombre, al que le declara enseguida que él es una excepción de su sexo, dotado de escrotos caprinos.[20]

¿Podríamos calificar una pequeña obra maestra como *Pessimistische Kardinalsätze. Ein Vademecum für die freisten Geisten [Proposiciones cardinales del pesimismo. Un vademécum para los espíritus más libres]* —cuyo título parece desafiar ya desde el comienzo el concepto nietzscheano de «espíritu libre»— de «confuso tratado andrófobo»? Aunque Curt Paul Janz afirma que «los desmesurados ataques al mundo masculino [que contiene este panfleto] no pueden ser leídos sino con risas y cabeceos»[21], lo cierto es que con él Druskowitz conseguía su peculiar cuadratura del círculo filosófica al sintetizar de forma magistral, en muy pocas páginas, dos conceptos que parecían hasta ese momento irreconciliables (sentado el precedente abiertamente misógino del Buda de Frankfurt): feminismo y pesimismo[22]. Para ella, un espíritu

---

[20] Cf. Druskowitz, H. v., *Una filosofa dal manicomio, op. cit.*, p. XVIII, y Massara, D., *Enciclopedia delle Donne,* en www.enciclopediadelledonne.it

[21] Janz, C. P., *Friedrich Nietzsche 3. Los diez años del filósofo errante, op. cit.*, p. 279.

[22] Petra Nachbaur considera que este escrito es uno de los testimonios más destacados del «anti-antifeminismo» (cf. Nachbaur, P., «Der Wahnwitz des "Frl. Dr." Helene Druskowitz. Emanzipations-Satirikerin der Jahrhundert-Wende», en Ray, G. y Bernay, J. (eds.), *Satire-Parodie-Pamphlet. Caricature en Autriche à l'époque de François*

solo puede considerarse auténticamente «libre» si sobrevuela los prejuicios misóginos que han lastrado la historia de la humanidad (y, en este sentido, Nietzsche *tampoco* había sido un espíritu libre). El hombre —como varón— resulta una imposibilidad lógica y ética, por lo que se le debe considerar una verdadera «maldición para el mundo». La pensadora austríaca considera que la comprensión de la fatalidad que ha representado el varón y su impositiva voluntad de poder constituyen el verdadero centro de gravedad del auténtico pesimismo. Por tanto, solo una crítica del hombre puede aclararnos el estado de postración que vive nuestro mundo; y esa crítica antropológica debe ampliarse mediante una crítica del concepto de Dios, una lamentable impostura masculina, que ha contribuido no poco a la opresión sobre las mujeres ejercida durante milenios.

Pero su diatriba se perdió sin tener repercusión alguna: la leyenda de Nietzsche se iba construyendo poco a poco, hasta alcanzar su apogeo en nuestros días, mientras que ella y sus denuncias feministas y pesimistas no llegaron a difundirse y se vieron condenadas a un olvido casi absoluto. El entramado clínico hizo bien su trabajo, y Helene permaneció ingresada veintisiete años. En 1918 un proceso diarreico severo la llevó a la sección de infecciosos de la institución, donde fallecería el 31 de mayo, según el acta de defunción, de «marasmo, tuberculosis y otros padecimientos», poco después de haber cumplido los 62 años. En su testamento, redactado en 1907, podemos leer sus últimas voluntades:

Joseph (1898-1914), Rouen, 1999, p. 184). Luisa Murano piensa, por su parte, que estas páginas podrían ser una respuesta a *Sexo y carácter,* de Otto Weininger (1903); cf. Murano, L., «Presentazione», en Druskowitz, H. v., *Una filosofa dal manicomio, op. cit.,* p. X.

Introducción. El feminismo pesimista de Helene von Druskowitz

1. La testamentaria dispone y espera que, después de su muerte, se le haga erigir un monumento fúnebre que, aunque simple, sea adecuado y conforme a su rango; y para este fin ordena que se utilice todo el dinero aún disponible, así como la suma depositada en el Palacio de Justicia de Viena. Si la cantidad reunida fuese todavía insuficiente, desea que el resto se reúna vendiendo su máquina de escribir y su cubertería de viaje.

2. La inscripción del monumento no deberá componerse sin consultar los libros que se encuentran sobre el escritorio, en los cuales, bajo la identificación del nombre de la autora, aparece entre paréntesis la modificación de este, consecuencia del honor público alcanzado, es decir:

Sra. Dra. Helene von Druskowitz-Calagis
Reconocida escritora

La testamentaria declara que se ha de comunicar a los periódicos su fallecimiento.
Ruega que todas sus cartas, manuscritos, etc., así como todas las cartas que se reúnan tras su muerte, sean quemadas y que los libros sean devueltos con la anotación de que la destinataria ha muerto.

Dra. Helene von Druskowitz,
Mauer-Öhling, 9-julio-1907[23]

Un pequeño parque, situado en Wien 13-Hietzing, en la esquina entre Wolkerbergenstrasse y Biraghigasse, recibió en 2006 el nombre de «Helene Druskowitz-Park». Un homenaje

---

[23] Cf. Druskowitz, H. v., *Una filosofa dal manicomio, op. cit.*, pp. XIX-XX.

que se nos antoja demasiado escueto para uno de los espíritus más libres que hayan existido jamás.

2. La filosofía de Helene von Druskowitz: del optimismo ateísta radical a una fundamentación pesimista del feminismo

Los tres escritos filosóficos más relevantes de Helene von Druskowitz son: *Moderne Versuche eines Religionsersatzes. Ein philosophischer Essay [Intentos modernos de sustituir a la religión. Ensayo filosófico]* (1886), *Wie ist Verantwortung und Zurechnung ohne Annahme der Willensfreiheit möglich. Eine Untersuchung [¿Cómo son posibles la responsabilidad y la imputabilidad sin suponer la libertad de la voluntad?]* (1887) —escritos ambos en su período de actividad intelectual normal— y *Pessimistische Kardinalsätze. Ein Vademecum für die freiesten Geister [Proposiciones cardinales del pesimismo. Un vademécum para los espíritus más libres]*, redactado en 1905, cuando la pensadora ya llevaba una larga temporada ingresada en la clínica psiquiátrica.

Como vamos a ver, en estos textos Druskowitz sigue una evolución inversa a la de Nietzsche: si este pasó de su pesimismo inicial, afín a Schopenhauer y Wagner, al vitalismo trágico-dionisíaco de sus últimos escritos, Druskowitz transitó el camino intelectual contrario: de una posición básicamente optimista y confiada en las posibilidades del ser humano pasó a una concepción radicalmente pesimista que, si no fuese por el contenido feminista de sus escritos, recuerda mucho a la sostenida por Philipp Mainländer.

En *Intentos modernos de sustituir a la religión*, Druskowitz afronta la difícil tarea de encontrar un fundamento sólido para las normas morales en un mundo secularizado. Afirma que la re-

Introducción. El feminismo pesimista de Helene von Druskowitz

ligión es una necesidad esencial para la humanidad, pero resulta incorrecto identificar religión y cristianismo porque la religión cristiana ha sido la causa del pesimismo cósmico que viene caracterizando la historia del ser humano en los últimos dos mil años. En el libro, tras repasar críticamente y de un modo exhaustivo las diferentes tentativas de encontrar un sustituto de la religión realizadas por varios filósofos —entre ellos Nietzsche, como hemos visto[24]—, Druskowitz no propone ninguna solución concreta ni alternativa clara alguna al cristianismo, pero sí considera que el credo que en el futuro habrá de orientar a un Occidente secularizado deberá reunir saber y sentimiento a través de una reconciliación del ser humano con la naturaleza; asimismo, deberá dar muestras de una gran confianza en la capacidad del sujeto para desarrollar todas sus potencialidades, y alcanzar su autorrealización personal una vez suprimido cualquier principio divino abstracto y absoluto.

Por lo demás, la pensadora austríaca plantea un conocimiento básico del bien y del mal que los seres humanos pueden entender de manera intuitiva y sobre el cual puede asentarse el orden moral. Ese conocimiento parece estar basado en la existencia de un sexto sentido en el individuo, del que únicamente sabemos que proporciona una visión espiritual capaz de dotar de una suprema libertad al ser humano y cuyo cultivo y desarrollo en el futuro le permitirá alcanzar mayores cotas de perfección[25].

---

[24] Druskowitz acusa a Nietzsche de contradecirse flagrantemente: mientras que en *Zaratustra* defendía el concepto del «superhombre» (I, Prólogo, 3-4; IV, «Del hombre superior», 1-2), ella señala que en *Aurora* (1881), § 49, había tachado cualquier idea de superación del ser humano como un simple «sentimentalismo».

[25] Cf. «"She kept on fighting" —a discussion with Elisabeth Reichart about her text Sakkorausch», 25 de abril de 2002, en www.dickinson.edu/glossa/heft16/conversationreichart.html

En el ensayo de 1887 *¿Cómo son posibles la responsabilidad y la imputabilidad sin suponer la libertad de la voluntad?*, Helene se enfrenta al difícil problema de conciliar necesidad y responsabilidad, exponiendo las posiciones de Kant, Schopenhauer, Feuerbach, Paul Rée y Herbert Spencer al respecto. Kant, en la *Crítica de la razón práctica,* había considerado que el hombre como fenómeno no es libre y está sometido a las leyes naturales, mientras que, como noúmeno, es decir, como ser moral, sí es libre. Schopenhauer, por su parte, en *Los dos problemas fundamentales de la ética,* evaluaba la libertad como una característica de la voluntad (la cosa en sí), mientras que el querer empírico del sujeto está absolutamente determinado por la combinación del carácter, marcado por la voluntad, y los motivos que a este puedan ofrecérsele. Druskowitz rechaza esta tesis «nouménica» de la libertad; primero porque ese supuesto plano nouménico no puede sondearse y resulta imposible, en consecuencia, juzgar al individuo desde él; y en segundo lugar, porque los actos humanos tienen lugar en el plano fenoménico, empírico, lo que probaría que hay una disposición moral natural en el sujeto, de manera que es en ese plano en el que puede imputársele y exigírsele responsabilidad por sus actos. Es verdad que las acciones humanas están determinadas por una multiplicidad de causas, conscientes o inconscientes, pero el hombre sí es responsable del conjunto de su vida, y esto explica por qué mostramos admiración o indignación éticas ante el comportamiento moral de un sujeto[26]: justo porque somos conscientes de que el sujeto podría haber actuado de otra manera. Cada sujeto puede ascender o descender en la jerarquía moral desde el momento en que encierra en sí una serie de «potencialidades superiores», que él

---

[26] Cf. De Martino, G. y Bruzzese, M., *Las filósofas. Las mujeres protagonistas en la historia del pensamiento, op. cit.,* p. 357.

Introducción. El feminismo pesimista de Helene von Druskowitz

mismo tiene la responsabilidad de desarrollar o silenciar y postergar.

No cabe detenerse, por consiguiente, en esa concepción de ser humano que considera que todos los actos de su voluntad están determinados por una serie infinita de causas precedentes, por mucho que esto sea evidente. Esta concepción «es solamente el estadio que precede a una concepción superior» en la que el ser humano está llamado, por naturaleza, a desarrollarse hacia la perfección. El ser humano es, como acabamos de decir,

> [...] una manifestación de determinadas cualidades y potencialidades de la naturaleza. Sin embargo, la fuerza de la naturaleza, de la cual el individuo aparece como expresión parcial, debe ser considerada como algo autónomo, dotado de autoconciencia. Pero en cuanto el individuo es considerado como representante, dotado de autoconciencia, de determinados aspectos de la naturaleza, pensada de forma autónoma, entonces deja de ser un mero autómata y aparece, también él, como un ser, en cierto sentido, autónomo; y en la medida en que aparece como tal es también el autor responsable y moralmente imputable de sus acciones.[27]

Un animal bueno y otro malvado son manifestaciones de diferentes potencialidades naturales, y lo mismo le sucede al ser humano, aunque al primero no le atribuimos responsabilidad moral y al otro sí. ¿En qué radica la diferencia? Permítasenos transcribir un par de largas citas de nuestra autora, en la que aparece expuesto su punto de vista sobre la moral:

> La diferencia entre el ser humano y el animal en relación con la manifestación, en el carácter, de cualidades buenas o malas, está

[27] Cf. Druskowitz, H. v., *Una filosofa dal manicomio*, op. cit., p. 29.

determinada por la capacidad de discernimiento moral propia del ser humano, especialmente del ser humano mentalmente sano, adulto y civilizado, capacidad que le falta al animal, o se presenta solo de un modo muy escaso, en los animales más inteligentes. Si el ser humano, en relación con su carácter, se siente representante de determinadas cualidades de la naturaleza, también se considera responsable de su actuar, pues, en efecto, ¿qué otra cosa es el sentimiento de la responsabilidad sino reconocerse responsable de las propias acciones? Y autor de sus acciones lo es el ser humano, incluso sin la premisa de la libre voluntad, en cuanto se considera que él mismo ha de considerarse como expresión parcial de un determinado aspecto de la naturaleza. […] El amor que tributamos a todas las fuerzas armónicas que se manifiestan en la naturaleza, frente a la acción buena del ser humano, asume el carácter de admiración ética; el odio que experimentamos por la fuerza destructiva de la naturaleza, frente a la acción malvada del ser humano, asume, respectivamente, el carácter de indignación ética. En la persona buena admiramos el bien consciente; en la persona malvada nos indignamos ante el mal consciente.

Por tanto, la responsabilidad y la imputabilidad no dejan de existir si se destruye la hipótesis de una actividad soberana del yo en el acto de la voluntad, sino que se funda en la importancia del individuo como representante autoconsciente de determinadas potencialidades de la naturaleza. Si el individuo, ya sea en su totalidad o en sus pensamientos, sentimientos y actos de voluntad singulares, hay que considerarlo como el efecto de causas que le preceden, él, sin embargo, es, a la vez, más que esto; a saber, precisamente, la expresión parcial autoconsciente de determinadas fuerzas de la naturaleza considerada como autónoma; como tal, el hombre se siente responsable de su actuar y por esto se le tiene por responsable del mundo.[28]

---

[28] *Ibid.*, pp. 30-31.

Introducción. El feminismo pesimista de Helene von Druskowitz

El sujeto que obra mal no dice:

«No podía actuar de otro modo a como lo he hecho; mi acción era el efecto necesario de mi carácter, que no he causado yo mismo», sino que exclamará: «¡Habría podido actuar de otro modo; habría podido ser una persona mejor!», un disgusto que tendrá una influencia mucho más duradera sobre el comportamiento futuro del autor que aquel que deriva, en la misma situación, del punto de vista de quien supone la existencia de una voluntad libre. Pero quien comparte el punto de vista que hemos expresado no caerá nunca en el indigno pretexto de no haberse creado por sí solo con sus tendencias malvadas, porque reconoce en sí mismo, o al menos en una parte de sí mismo, aquello que lo ha creado; pero, a la vez, reconoce que la fuerza de la naturaleza misma lo llama a convertirse en representante de su potencia superior. […] Pero quien crea que hay que quedarse aquí y considerar el actuar humano *sub specie necessitatis,* es alguien que no comprende la voz de la naturaleza; no reconoce aquello a lo que la naturaleza apunta con todo su poder, aunque a menudo con una selección y aplicación insuficiente de sus medios.[29]

En *Zur neuen Lehre: Betrachtungen [Consideraciones para una nueva doctrina]* (1888), Helene continuó en la línea de desarrollar la moral en una línea evolucionista, adaptando una actitud cada vez más mística hacia la naturaleza, de la que, según ella, debía aflorar un nuevo orden ético mundial.

A la altura de 1905, Druskowitz tenía claro que ese nuevo orden ético debía tener como eje central el feminismo, pero un feminismo que, en su filosofía, basculó cada vez más hacia el pesimismo más intenso. Ya hacia 1888, Helene se había percatado de que la cuestión femenina era un tema de suma importancia

[29] *Ibid.*, pp. 31-32.

y de que «el fenómeno más terrible en la historia del desarrollo humano no han sido las guerras de religión, ni la lucha de clases, ni el sometimiento de una casta a otra, ni tampoco los excesos y abominaciones de la superstición, sino el sometimiento de las mujeres, de manera que solo el hombre goza de sus derechos, mientras que la mujer está condenada a la esclavitud y a una improcedente frustración»[30]. Pero si a finales de la década de 1880 el pesimismo le parecía, como dijimos, una «concepción injusta y desviada del mundo», y alababa «la noble actitud del optimismo», en sus últimos años se pasó a la línea de Schopenhauer, tendiendo a considerar el optimismo una «ilusión, enormemente perjudicial y tonta»[31]. *Proposiciones cardinales del pesimismo* sería el resultado de este cambio de posición.

El proceso de la conversión pesimista de la pensadora de Hietzing debió de abarcar varios años. En el Documento Folio 4 de las actas de enfermos, que se conservan actualmente en el Niederösterreichischen Landesarchiv en St. Pölten, fechado en 1903, aparece un proyecto titulado *Philosophische Rundfragebogen [Ronda de cuestiones filosóficas],* que estaba destinado al suplemento de la revista berlinesa *Die Feder.* En él ya aparecen, como ha descubierto Ankele Gudrun, seis cuestiones que esbozan las líneas centrales de las *Proposiciones cardinales del pesimismo:* el principio supremo, la cuestión gnoseológica referida al papel de la percepción en la construcción del mundo, la cuestión de la moral, la cuestión de la dirección fundamental del pensamiento (según la alternativa del optimismo y del pesimismo), la cuestión del significado de los sexos y,

---

[30] Druskowitz, H. v., *Eugen Dühring. Eine Studie zu seiner Würdigung*, 1888. Cit. por Löchel, R., «"Hasset die Männer!" Vor 150 Jahren wurde die pessimistischen Radikalfeministin H. v. Druskowitz geboren», en www.literaturkritik.de.
[31] *Idem.*

finalmente, la cuestión de la meta y fin últimos de la existencia humana y de la redención[32]. Este último punto demostraría que el texto está presidido por un impulso hacia la liberación del dolor, el sufrimiento y la represión, es decir, no solo de un deseo de emancipación para la mujer, sino de un deseo de liberación más radical, en la que los seres humanos —o más bien, «los espíritus más libres»— deben aceptar la necesidad de la muerte como posible acción redentora.

En otro de los documentos estudiados por Gudrun aparece una hojita escrita a máquina en la que faltan algunas letras (lo que muestra que, al escribirla, Druskowitz no tuvo en cuenta el espacio de papel del que disponía). Dice así:

> Aclaración: la que suscribe afirma que en la obra «Pessimisti Kardinalsätze» [sic] ha prestado a todos sus pensamientos filosóficos una precisión y expresión concluyentes, y promete solemnemente no hacer ningún esfuerzo más para imprimir algún nuevo escrito por su cuenta y riesgo. Dr. Helene Druskowitz. Mauer-Oehling b. Amstetten N. Oe. 21/10/1905.[33]

¿A quién se dirigía esta aclaración y qué función tenía? La hoja está corregida a mano, pero no firmada. Lo que sí parece evidente, según Gudrun, es que esta «Aclaración» nos confirma que este pequeño opúsculo resume lo que Helene von Druskowitz consideraba su última palabra en filosofía.

Vamos a introducirnos brevemente en el contenido del librito. Ester Saletta piensa que sería erróneo considerar las *Proposiciones cardinales del pesimismo* únicamente como una expresión

---

[32] Gudrun, A., «Helene von Druskowitz *Pessimistische Kardinalsätze* (1905) als Manifest», en Institut für die Wissenschaften vom Menschen. *Transit (Europäische Revue).*
[33] *Idem.*

de un odio visceral hacia los hombres; en realidad, serían más bien un intento de abrirle al varón los ojos de una forma concreta sobre la situación de semiesclavitud en la que se encontraba la mujer en su época. Druskowitz estaba convencida de que no solo la mujer debía de ser reeducada, sino también el hombre, pues el mundo ha comenzado a ser otro desde que la mujer comenzó a emanciparse[34]. Las mujeres deben conocer mejor a los hombres y aprender a protegerse de ellos, y los hombres deben controlar su naturaleza, es decir, ambos sexos deben estar abiertos a una modernización que le dé a la mujer más valor y autonomía como individuo y al hombre menos poder y autoridad.

Igual que Nietzsche, pero en términos bien distintos, y con miras sociales de mucho mayor alcance, Helene von Druskowitz somete a juicio la cultura occidental en su versión final, alcanzada en el siglo XIX, con el triunfo de la burguesía. Y la medida del juicio la encuentra en la comparación entre la situación masculina y femenina que la lleva a condenar el curso entero seguido por nuestra civilización[35], la cual ha estado guiada exclusivamente por los varones y los (contra)valores que ellos representan.

El opúsculo se abre con un *motto* en el que aparece la imagen de un anciano que evoca la sabiduría de la edad y que ha recibido la impronta de la «experiencia vital», por lo que puede dar un testimonio verdadero del mundo; se trata de alguien que tiene tras de sí la lucha por la vida, por el reconocimiento, por el amor, por el dinero, y que, al encontrarse al margen de dicha competencia vital, puede lanzar una mirada

---

[34] Saletta, E., «H. v. Druskowitz. Engagierte Intellektuelle und Satirikerin gegen die Misogynie der Wiener Jahrhundertwende», en www.ist.at

[35] Murano, L., *La indecible suerte de nacer mujer*, Narcea, Madrid, 2013, p. 106.

Introducción. El feminismo pesimista de Helene von Druskowitz

carente de prejuicios hacia la vida e informar sin tapujos de su verdadera realidad. El pensamiento del anciano representa el verdadero conocimiento, que se alza por encima de la ciencia y de la filosofía. Es alguien que reconoce la inmutabilidad de las leyes de la naturaleza y el poder supremo de la misma; y también que el ser humano se encuentra sometido a tal poder: ha aceptado, en suma, el proceso natural y hace lo posible por amoldarse a él.

Luego aparece un segundo *motto* en el que se recomienda leer esta obra como el que admira el valle de Chamonix o el glaciar del Ródano. Como vemos, también se hace referencia en él a la naturaleza, frente a la cual el ser humano se siente pequeño y perecedero. Evoca el paradigma de una naturaleza potente, estética, eterna y verdadera, frente a la cual la cultura es un simple producto humano. Ella es lo que no cambia, lo inequívoco, algo dado, sobre lo cual no cabe duda alguna. Ningún acto intelectual del hombre puede superarla. Se da a entender, por tanto, que el texto debe ser interpretado como naturaleza y debe ser apreciado y admirado como ella: ambos permiten experimentar la verdad y belleza eternas. Es notoria aquí la influencia de Shelley y de su poema *Mont Blanc* (1816), en el que la grandiosidad de las montañas evoca al poeta británico, con acento melancólico, la muerte y el vacío:

> Todavía relumbra Mont Blanc en la distancia,
> afirmando en la tierra su imperial fortaleza
> y majestad: luz múltiple, múltiple resonancia;
> y mucha muerte y vida dentro de su belleza.
>
> En la penumbra quieta de las noches sin luna,
> o en el fulgor absorto del día, cae la nieve
> sobre la excelsa cumbre: su soledad ninguna
> presencia humana rompe, ni su silencio leve. […]

Te anima ¡oh cumbre sola!, la Fuerza, la escondida
fuerza del universo, que el alma humana llena,
y que a su ley eterna mantiene sometida
la anchura de los cielos que en el silencio suena.

Mas ¿dónde tu ribera, tu porvenir en dónde;
y en el mar y las rocas y las altas estrellas,
si tras el sueño humano la soledad no esconde
más que un rumor vacío y un desierto sin huellas?[36]

Adentrándonos ya en las páginas del ensayo, hay que decir que el acerbo pesimismo del que hace gala Druskowitz a lo largo de él no es nuevo en el ámbito femenino, pues la corriente pesimista contó con mujeres destacadas, como Agnes Taubert (1844-1877), Alma Lorenz (1854-1931) —ambas sucesivas esposas de Eduard von Hartmann— y Olga Plümacher (1839-1895); lo interesante es que en el escrito de Druskowitz los postulados pesimistas están unidos a una *metafísica feminista* original que no aparece en los escritos de las otras adalides del movimiento.

En este escrito, como ha señalado A. Gudrun, Druskowitz primero desarrolla la lógica metafísica de su argumentación, tratando de encontrar una vía intermedia entre el teísmo y el materialismo, en el marco de una metafísica dualista de corte neoplatónico, e incluso gnóstico-teosófico, con acentos budistas o taoístas[37]. Plantea la existencia de una «esfera superior» originaria, de tipo espiritual, de la que apenas podemos formarnos noción alguna, porque para hacernos cualquier concepto sobre la misma tenemos que remitirnos a una vía especulativa que recuerda, por su brumosa descripción, a la

---

[36] Shelley, P. B., «Mont Blanc» (trad. de L. Panero), en *Poetas románticos ingleses,* Planeta, Barcelona, 1989, pp. 138-139.
[37] Cf. De Martino, G. y Bruzzese, M., *Las filósofas. Las mujeres protagonistas en la historia del pensamiento, op. cit.,* pp. 357-358.

de la unidad originaria divina que hace Philipp Mainländer en la *Filosofía de la redención* (1876)[38]; en cualquier caso, dicha «esfera superior» supone un ideal de perfección al que tiende el ser humano, aunque le resulte inalcanzable, y no puede identificarse en absoluto con el Dios del teísmo, que solo ha ofrecido una representación antropocéntrica y masculina de la deidad.

Siguiendo a Feuerbach, Druskowitz considera que, efectivamente, el secreto de la teología está en la antropología, pero en la antropología *masculina:* es el hombre quien ha creado un Dios violento y airado, hecho a su imagen y semejanza, por lo que la imagen de la divinidad (al menos en su versión en las religiones monoteístas) se basa en una mentira indigna: Dios, tal como ha venido siendo concebido, no es más que un malvado perillán que merecería millones de veces ser sometido al infierno y al tormento al que tiene condenados a sus súbditos. Pero Druskowitz también rechaza la posibilidad de interpretar la realidad de forma materialista o cientificista, porque esta interpretación se basa, a su entender, en una apreciación optimista de la materia y la sociedad que carecen de justificación, ya que ambas realidades, material y social, son *pésimas,* especialmente para las mujeres.

La esfera superior es, al mismo tiempo, el motor del desarrollo y el fundamento del conocimiento de la miseria del mundo[39], porque materia y sociedad solo pueden apreciarse en su sombrío valor desde el punto de vista de un *pesimismo cultural:* la perfección absoluta le corresponde únicamente a la «esfera superior», mientras que, en el ámbito de la naturaleza

---

[38] Cf. Mainländer, Ph., *Filosofía de la redención* (ed. de M. Pérez Cornejo y C. J. González Serrano), Ediciones Xorki, Madrid, 2014, Analítica, §§ 24-25, pp. 66-68; y Física, §§ 36-38, pp. 132-139.

[39] Cf. Grudrun, A., «Helene von Druskowitz *Pessimistische Kardinalsätze* (1905) als Manifest», en Institut für die Wissenschaften vom Menschen. *Transit (Europäische Revue).*

material, de la historia y de la cultura, es donde el varón ha impuesto sus condiciones, conduciendo ambas a la corrupción más abyecta.

Solo la crítica del varón permite, por consiguiente, un verdadero esclarecimiento del mundo. Druskowitz considera que, aunque Schopenhauer ha entendido que la violencia y el sufrimiento son las principales características de la tragicomedia cósmica, ha mirado para otro lado, buscando una huida en la estética y el misticismo, además de mantener una posición misógina, incapaz de entender el particular sufrimiento femenino. La filosofía de Nietzsche, por su parte, basada en el infame concepto de la voluntad de poder, «ha adulado esa mala tendencia de la manera más condenable y necia»[40].

Para Druskowitz no existe *la* especie humana, sino que hay *dos* especies: la masculina y la femenina, y la primera ha corrompido el apelativo «humano» dominando a las mujeres, cuyo origen era distinto, pues provenían del mar (la autora no aclara de un modo preciso de dónde extrae esta afirmación, de tintes mitológicos). Son los hombres los que, llevados por su horrible voluntad de poder, han hecho de este mundo, que podría haberse elevado paulatinamente a la perfección de la «esfera superior», un mundo feo, torpe e inviable, sometiéndolo a ira y fuego. «El "pesimismo" de Druskowitz respecto del mundo material nace precisamente del dominio masculino sobre el mismo»[41]: la brutalidad que el varón pone de manifiesto en su conducta no le permite colaborar en la transformación del mundo, ni ayuda a mejorarlo. Druskowitz critica una cultura en la que el arte, la ciencia, la política, la teoría de la evolución, el trato con la naturaleza y los animales

---

[40] Cf. De Martino y Bruzzese, G., M., *Las filósofas. Las mujeres protagonistas en la historia del pensamiento*, op. cit., p. 358.
[41] *Idem*.

Introducción. El feminismo pesimista de Helene von Druskowitz

y entre hombres y mujeres están teñidos de despotismo y de equívocos machistas. Todo ello contribuye, inevitablemente, a asegurar el pesimismo como la dirección filosófica adecuada, y al filósofo pesimista como el único que se encuentra en el camino que conduce a la verdad y la redención. Esta situación de opresión y violencia únicamente podrá remediarse si se acaba con la promiscuidad entre hombres y mujeres y las mujeres se organizan en forma de una especie de «caballería» o «sacerdocio» femenino[42]. Es necesario retornar a la segregación sexual que había en las civilizaciones antiguas y orientales, pero bajo un gobierno de las mujeres. La humanidad deberá dividirse en dos «ciudades», la de las hembras y la de los varones, siendo la primera la que ha de encargarse de perseguir, en la medida de lo posible, la perfección ideal que caracteriza la «esfera superior» originaria[43].

Entre la «esfera superior», símbolo de la perfección, y la materia, que se desarrolla evolutivamente, Druskowitz elabora una deconstrucción inversora de la tradición misógina enraizada en el pesimismo schopenhaueriano o en la filosofía trágica de Nietzsche. Si Schopenhauer había descrito a la mujer como una especie de ente intermedio entre el niño y el hombre, Druskowitz considera que el varón, con su fea apariencia, no se amolda propiamente al ámbito de los seres dotados de ra-

---

[42] También en este punto existe cierta semejanza entre la propuesta feminista de Druskowitz y la fantástica «Orden del Grial» soñada por Mainländer, que, por cierto, contaba con una estructura dual y separada, masculina y femenina (cf. Mainländer, Ph., *Filosofía de la redención, op. cit.*, pp. 404-405); asimismo, Mainländer había hecho una apología de la virginidad y de la casta amistad entre los sexos en su novela filosófica *Rupertine del Fino* (Guillermo Escolar, Madrid, 2018).

[43] La idea de una «ciudad de las mujeres», pergeñada por Druskowitz, retoma la idea de la «ciudad de las damas» de Christine de Pizan (o Pisan) (1363-1431), expuesta en *Le Livre de la cité des dames* (1405).

zón; si Schopenhauer había descrito al género femenino como mentiroso, falso, infiel, traidor, desagradecido, despilfarrador y vanidoso, Druskowitz caracteriza al sexo masculino como codicioso, envidioso, peleón, pendenciero, arrogante y ávido de placeres, sexualidad y poder. Según ella, el macho humano está, incluso, por debajo de los propios animales, porque es el único que golpea y martiriza de la manera más refinada a su hembra, llegando al extremo de matarla. Es un ser nacido bajo el signo de lo demoníaco y del mal, el más peligroso de todos los seres vivos, la furia de las Furias, la Megera de las Megeras (aunque esta Erinia alude a la intransigencia femenina respecto de la infidelidad matrimonial). Si el mundo ha ido degradándose y se encuentra en decadencia, esto es solo responsabilidad del hombre, mientras que las mujeres son seres más dignos y nobles porque pertenecen a una estirpe más perfecta y aristocrática.

La mencionada superioridad hace que la mujer aparezca ante los ojos de Druskowitz como el único «ser humano» verdadero y como salvadora del mundo. Lo malo es que las féminas suelen ser víctimas de sus instintos descontrolados, lo que las hace infantiles, ingenuas e inmaduras ante los hombres, por lo que, para alcanzar plena madurez y autocontrol, deben ser educadas en un oficio libremente, al margen del mundo masculino, y, por supuesto, fuera de cualquier matrimonio. El feminismo debe dotarse de «brillo y esplendor» porque es el ideal de la época moderna. Si el hombre reconociese su caída, así como la evidente superioridad del sexo femenino, retornándole todos sus derechos, tanto ellas como ellos podrían emanciparse[44].

---

[44] Saletta, E., «H. v. Druskowitz. Engagierte Intellektuelle und Satirikerin gegen die Misogynie der Wiener Jahrhundertwende», en www.ist.at

Introducción. El feminismo pesimista de Helene von Druskowitz

Y llegamos, así, al verdadero punto clave: ¿en qué consiste esa pretendida superioridad femenina defendida por Druskowitz? Pues bien: nos encontramos con un nuevo paralelismo entre el pesimismo feminista de nuestra filósofa y la filosofía tanatofílica de Mainländer, que nos lleva a pensar en ella como en el *alter ego* femenino del filósofo suicida de Offenbach del Meno. Según A. Gudrun, Helene von Druskowitz sostiene que las mujeres constituyen la «verdadera humanidad» porque *prefieren instintivamente el no-ser al ser*, aunque este instinto femenino haya sido terriblemente reprimido. Frente a otras feministas, que basan su pensamiento en el culto a la madre y a la mujer como dadoras de vida, Druskowitz se alza contra el ciego y estúpido aumento de la población y atisba el destino filosófico de las mujeres en ser «guías en la muerte» *[Führerinnen in den Tod]*, por cuanto proponen el «fin de los fines» *[Endesende]*, a saber, «la extinción del hombre y la disolución de la humanidad».

Pero el conocimiento de este «fin de los fines» no está reservado a los «espíritus libres», a los que se refería Nietzsche en *Humano, demasiado humano. Un libro para espíritus libres* (1878). La reivindicación nietzscheana del «espíritu libre» no le es suficiente a nuestra filósofa, pues piensa que esa libertad solo lo es en el marco de los valores despóticos creados por la violenta y opresiva voluntad de poder masculina: «Druskowitz quiere superar el camino que había llevado a Nietzsche al límite del pensamiento y hacer que hombres y mujeres, cada uno en su medida, colaboren para lograr ese "fin de los fines": los hombres deben luchar contra su naturaleza y las mujeres deben hacerse conscientes de su superioridad. La superior dotación de esa especie superior que son las mujeres debe hacerles ver que la humanidad ya no puede mejorar ni dirigirse al bien, sino que la única salida que le queda es la extinción del ser humano [...], mediante el cese de la reproducción: la muerte de la humanidad, un final último, sin sufrimiento ni violencia»[45]. Para alcanzar este fin último, recomienda a las féminas luchar contra el mundo masculino lanzándoles este lema: «¡Odiad a los hombres y el matrimonio, y sed fieles a vosotras mismas!». Lo estremecedor de esta concepción no es tanto que el hombre desaparezca de la tierra, sino, más bien, que esta desaparición se piensa como necesaria, y aún más, como algo moralmente bueno y legítimo: «Lo especial de esta utopía es que nadie sobrevive; que este fin es un fin de todo y para todos, y nadie se aprovecha de él; que todos los sufrimientos de la vida son redimidos y que nadie sobrevive»[46].

A pesar de su alejamiento de los planteamientos feministas de la autora, cabe sospechar que los misóginos Eduard von Hartmann o Mainländer habrían estado seguramente de acuerdo con su diagnóstico y meta, demostrando que, una vez más, los extremos se tocan, incluso en el ámbito del pesimismo. Pero esto es algo que habrán de juzgarlo ustedes tras la lectura de estas páginas.

---

[45] Cf. Gudrun, A., «Helene von Druskowitz *Pessimistische Kardinalsätze* (1905) als Manifest», en Institut für die Wissenschaften vom Menschen. *Transit (Europäische Revue)*.
[46] *Idem*.

Introducción. El feminismo pesimista de Helene von Druskowitz

Bibliografía

Obras de Helene von Druskowitz

Über Lord Byrons «Don Juan». Eine Literarisch-ästhetische Abhandlung (Zürich Univ. Diss, 1879), Zürcher und Furrer, 1879.
Sultan und Prinz. Tragödie, Wallishauser, Viena, 1881 (apareció con el pseudónimo E. v. René).
Der Präsident von Zitherclub, 1883/1884 (desaparecida).
Percy Bysshe Shelley. Biographie, R. Oppenheim, Berlín, 1884.
Drei englische Dichterinnen: G. Eliot, E. B. Browning, J. Baillie. Essay, Berlín, R. Oppenheim, 1885.
Moderne Versuche eines Religionersatzes, Salinger, Berlín, 1886 (reed. Heidelberg, G. Weiss Verlag, 1886).
Wie sind Verantwortung und Zurechnung ohne Annahme der Willensfreiheit möglich?, Salinger, Berlín, 1887.
Eugen Dühring. Eine Studie zu seiner Würdigung, Salinger, Berlín, 1888 (reed. G. Weiss Verlag, Heidelberg, 1899).
Zur neuen Lehre: Betrachtungen, Georg Weiss, Heidelberg, 1888.
Zur Begründung einer überreligiösen Weltanschauung, G. Weiss, Heidelberg, 1889.
Die Studentinnen, 1889.
Aspasia, 1889.
Unerwartet, 1889.
Die Emanzipations-Schwärmerin. Lustspiel, 1890.
International. Lustspiel, 1891.
Die Pädagogin. Lustspiel, 1891.
Léonie. Drama, 1891.
Meine Erfahrungen in der Deuteroscopie und Telegraphie, 1899.
Der freie Transzendentalismus oder die Überwelt ohne Gott (Das Übergottliche), 1900.

Das Männerproletariät oder die Fällung des Mannes als Tier und Denker, 1900.
Der Kultus der Frau, 1900.
Teilung der Städte nach den Geschlechtern, 1901.
Gegensätze im Sein, 1902.
Die Frau und der Tod, 1902.
Ethischer Pessimismus, 1903.
Philosophische Rundfragebogen, 1903.
Schein und Sein. Gedichte, 1904.
Das Geheimnis des Tisches, 1904.
Der Kampf um das Grab, 1904.
Rätsel, 1905.
Der Weg des Todes, 1905.
Blanca, 1905.
Pessimistische Kardinalsätze. Ein Vademekum für die freiesten Geister (von Erna), Herrosé & Ziemsen, s. f. (1905).

Estudios sobre Helene von Druskowitz

Bettelheim, A. (ed.), *Louise v. François und Conrad Ferdinand Meyer. Ein Briefwechsel,* 2 verm. Aufl. Berlín/Leipzig, 1920.
Brunn, A., «Helene von Druskowitz», en *Verborgene Frauen. 16. Biografien von Künstlerinnen und Wissenschaftlerinnen. Eine Ausstellung konzipiert und gestaltet von Fittitn,* en www.fiftitn.at/sites/fiftitn.at/files/Broschure%20teil%20 2_0.pdf
De Martino, G. y Bruzzese, M., «Helene von Druskowitz, una filósofa "desviada"», en *Las filósofas. Las mujeres protagonistas en la historia del pensamiento,* Cátedra, Universitat de València/Instituto de la Mujer, Madrid, 1996, pp. 354-359.
Diethe, C., *Nietzsches's Women. Beyond the Whip,* De Gruyter, Berlín, 1996, pp. 95-100.

Introducción. El feminismo pesimista de Helene von Druskowitz

Diethe, C., «Druskowitz, Helene (1856-1918), en *Historical Dictionary of Nietzscheanism*, The Scarecrow Press, Lanham/Toronto/Plymouth, 2007², p. 69.

Gronewold, H., «Helene von Druskowitz, 1856-1918. Die geistige Amazone», en Duda, S. y Pusch, L. F. (eds.), *Wahnsinns-Frauen*, Suhrkamp Taschenbuch Verlag, Fráncfort del Meno, 1992, pp. 96-122.

Gudrun, A., «Helene Druskowitz' Pessimistische Kardinalsätze (1905) als Manifest», en Institut für die Wissenschaften vom Menschen. *Transit (Europäische Revue)*, www.insm.at/publications/5-junior-visiting-fellows-conferences/gudrun-ankele/

Guthmann, H., «Helene von Druskowitz. Von der Schau der letzten Dinge zum Endesende», en Christensen, B., Baum, A., Blätter, S., Kusser, A., Marti, I. M. y Weisshaupt, B. (eds.), *Wissen, Macht, Geschlecht,* Chronos Verlag, Zúrich, 2002, pp. 755-761.

Gürtler, Ch. y Schmid-Bortenschlager, S., *Eigensinn und Widerstand: Schriftstellerinnen der Habsburgermonarchie,* Ueberrenter, Viena, 1998.

Janz, C. P., *Friedrich Nietzsche 3. Los diez años del filósofo errante*, Alianza Editorial, Madrid, 1985, pp. 278-281.

Hacker, H., «Frauen-Liebe Männer-Hass: Ein Exkurs zu Helene von Druskowitz», en Hacker, H., *Frauen und Freundinnen. Studien zur Weiblichen Homosexualität am Beispiel Österreich 1870-1938,* Weinheim/Basel, 1987, pp. 165-173.

«Helene von Druskowitz», en http://www.meinhard.privat.t-online.de/frauen/druskowitz.html

«Helene von Druskowitz», en Aldrich, R. y Wotherspoon, G., *Who is who in gay and lesbian history from Antiquity to WWII,* Routledge, Londres, 2001, en http://andrejkoymasky.com/liv/fam/biod2/drus1.html

«Helene von Druskowitz on Nietzsche», en www.nelsonbrent.blogspot.com.es/2012/08/helene-von-druskowitz-on-nietzsche.html

«Helene von Druskowitz», en *Frauen in Bewegung,* www.oub.ac.at/ariadne/ufb/bio_druskowitz.html

Keintzel, B., «Helene von Druskowitz», en *Wir sind die ersten, die es wagen: Biographien deutschsprachiger Wissenschaftlerinnen, Forscherinnen, intellektueller Frauen,* Korotin, Ilse, Bundesministerium für Unterricht und Kunst, Viena, 1993, pp. 36-41.

Kubes-Hoffman, U., «Der Mann ist an und für sich kein annehmbares Beispiel. Anmerkungen zur österreichischen Philosophin Helene von Druskowitz (1856-1918)», en *Anschläge,* n.° 4, 1986.

Kubes-Hoffman, U., «Bericht über zwei "entartete". Rosa Mayreder und Helene von Druskowitz», en Geber, E. *et al.* (eds.), *Die Frauen Wiens. Ein Stadtbuch für Fanny, Frances und Francesca,* Verlag der Apfel, Viena, pp. 126-140.

Kubes-Hoffman, U., «Etwas an der Männlichkeit ist nicht in Ordnung»: Intellektuelle Frauen am Beispiel Rosa Mayreder und Helene von Druskowitz, en Brix, E. y Fischer, L. (eds.), *Die Frauen der Wiener Moderne,* Verlag für Geschichte und Politik, 1997, pp. 124-136.

Kubes-Hoffman, U., «Helene von Druskowtiz», en Keitzel, B. y Korotin, I. (eds.), *Wissenschaftlerinnen in und aus Österreich. Leben, Werk, Wirkung,* Viena, 2002.

Kubes-Hoffman, U., «Traum und Wirklichkeit der Helene Druskowitz», en ÖZG, 25/2014/3, pp. 148-176, www.studienverlag.at

Löchel, R., «Hasset die Männer! Vor 150 Jahren wurde die pessimistische Radikalfeministin Helene von Druskowitz geboren», www.literaturkritik.de

Introducción. El feminismo pesimista de Helene von Druskowitz

Massara, D., «Helene von Druskowitz», en *Enciclopedia delle Donne,* www.enciclopediadelledonne.it

Muraro, L., *La indecible suerte de ser mujer* (trad. de M.ª Milagros Rivera Garretas), Narcea, Madrid, 2013.

Nachbauer, P., «Vogue la galère: die "Frauenfrage" als Modeströmung. Skepsis und Ambivalenz in Helene von Druskowitz "Die Emanzipations-Schwärmerin"» (1890), en *Script,* 11, Klagenfurt, 1997.

Nachbauer, P., «Der Wahnwitz des "Fr. Dr." Helene Druskowitz. Emanzipations-Satirikerin der Jahrhundertwende», en Ravy, G. y Benay, J. (eds.), *Satire-Parodie-Pamphlet. Caricature en Autriche à l'époque de François-Joseph (1848-1914),* Ruan, 1999.

Orenden, L., «Insanity, inspiration and insight: considering "Weibliche Denkweisen" in Elisabeth Reichart's Sakkorausch», en Fiddler, A., «*Other» Austrians: post-1945 Austrian Women's Writing,* Proceedings of the Conference held at Nottingham from 18-20 april 1996, Berna, 1998, pp. 25-33.

Reichart, E., *La Valse & Foreign,* State University of New York, 2000.

«She kept on fighting» – a discussion with Elisabeth Reichart about her text Sakkorausch, 25 de abril de 2002, www.dickinson.edu/glossa/heft16/conversationreichart.html

Saletta, E., «Helene von Druskowitz. Engagierte Intellektuelle und Satirikerin gegen die Misogynie der Wiener Jahrhundertwende», en www.inst.at/trans/17Nr/1-9/1-9_Saletta17.htm

Spreitzer, B., «Satirische Therapie – "professoraler Paroxysmen": Helene von Druskowitz – noch einmal respektlos», en *Texturen: die österreichische Moderne Frauen,* Passagen Verlag, Viena, 1999, pp. 147-153.

PROPOSICIONES CARDINALES DEL PESIMISMO.
UN VADEMÉCUM PARA LOS ESPÍRITUS MÁS LIBRES

1905

Conducid a un nonagenario ante un tribunal
y experimentaréis algo parecido
a lo que sentiréis al leer este escrito.

Esta obra ha de ser leída y apreciada igual que han de
admirarse el valle de Chamonix y el glaciar del Ródano.

I. No existe ningún Dios, en el sentido habitual de este término

1. Hay una Esfera Superior *[Übersphäre]*, un Principio Superior *[ein höheres Prinzip]* —como se mostrará en el siguiente capítulo—, pero no existe sustrato *[Substrat]* alguno para la representación común de Dios, ni es comparable lo que nos representamos de forma lógica bajo la Idea suprema *[höchsten Idee]* con lo que el teísmo vulgar, en su delirio, considera digno de ser objeto de fe.
2. El principal fundamento explicativo de las contradicciones y deshonestidad que caracterizan la representación vulgar de Dios reside en su antropomorfismo de perfiles masculinos. Así se explica por qué, en su exposición, se comienza de forma grandilocuente y siempre se concluye de forma miserable y apocada. No se *podría* hablar, en absoluto, de una verdadera sabiduría ni de ese bien real que reivindican para el Señor Dios sus adoradores, pues uno ha de habérselas evidentemente solo con una suerte de hipótesis... En realidad, Él sería, más bien, un ser extremadamente tiránico y voluptuoso... Su falta de Providencia, su incapacidad para dotar adecuadamente a la que llaman su Creación, su retraso mental, que habría que buscar en que Él ha creado muy *por debajo de sí mismo*, mientras que cualquier artista y artesano crea *por encima* y más allá de él, deberían suscitar horror y espanto. Pues el mundo que conocemos está dominado por un mal fundamental *[Grundübel]*, y es una completa chapuza *[Stückwerk]*. Siendo, en su fuero interno más íntimo, un gandul, avanza trabajosamente y a tientas, arrastrado por la cuerda de las dolorosas leyes del desarrollo; y en el campo más elevado, el de la conciencia humana,

el mundo está tan falsamente dispuesto, que la mitad más bella, pura y dulce del género permanece sometida a la avidez y la lujuria de un sexo feo, rudo e inclinado a cometer estupideces sin cuento. Si añadimos a todo esto la representación de las que llaman penas eternas, en un Más Allá imaginario, entonces surge la imagen de Dios como la de un malvado «Pedro Melenas» *[Struwwelpeter]*[1], que merecería millones de veces el infierno y los tormentos a los que Él mismo condena a sus súbditos. Después de haber conocido a Dios como un estúpido estafador y un pobre chapucero, ya apenas concebimos que sea o pueda ser concebido como una esencia metafísica; tanto menos cuanto es en y por sí contradictorio que el mundo, como unidad material, haya sido creado por la denominada esencia metafísica *[metaphysischen Wesen]*, la cual él *no puede conocer ni siquiera una vez.*

3. Tomada en su conjunto, la obra entera de Dios es un miserable aborto masculino, nocivo en grado sumo, especialmente para el mundo femenino *[Frauenwelt]*, cuyo progreso ha obstaculizado siempre de forma verdaderamente extraordinaria.

4. La cosa no pinta mejor con el monismo filosófico, basado en un fundamento intelectual, porque este mezcla todo lo bueno y lo malo en uno, y en la enumeración de los errores de la entera disposición del mundo también podrían ponerse de relieve los casos más ignominiosos con esa catadura que conocemos desde antiguo...

---

[1] *Struwwelpeter [Pedro Melenas]* es un relato infantil, cargado de negro humorismo, centrado en la suerte que aguarda a los niños maleducados e imprudentes. Fue imaginado en 1844 por el psiquiatra y escritor alemán Heinrich Hoffmann (1809-1894) como regalo de Navidad para su hijo Carl. El libro fue publicado al año siguiente, alcanzando gran popularidad. *[N. del T.]*

Proposiciones cardinales del pesimismo

5. Con una serenidad anímica inconcebible, este mismo monismo deja que lo malo surja de lo bueno y lo bueno de lo malo, y en su delirio optimista no siente necesidad de poner meta alguna a la criminal tragicomedia de la existencia *[der verbrecherischen Tragikomödie des Daseins]*. La funesta sentencia de que lo que viene bien a uno perjudica a otro podría propinarles a tales monistas una fuerte reprimenda por parte de los altruistas, que son los más amables entre los pensadores…; y otra aún más aguda, empero, del lado de los pensadores psicológicos.
6. El teísmo es tan poco edificante en sus consecuencias como en sus presupuestos. Conduce a la guerra, impide el desarrollo natural de pueblos y Estados, es enemigo y opresor del sexo femenino, promueve la mentira, la impostura y el delirio más grosero, así como toda clase de vicios y la más extremada incultura, al tiempo que fomenta los tejemanejes del así llamado «alto clero», con sus maneras mundanas, o rinde pleitesía, con placer demoníaco, a todas las diversiones, juegos corporales y alegrías materiales de la estúpida y vulgar nobleza o de las peores castas e instituciones.
7. El espíritu normal es ateísta *[atheistisch]*. Reduce todos los procesos a otros anteriores, y así *ad infinitum*. En sus acciones éticas, en parte se deja guiar a través del sentimiento más íntimo, y en parte por la conciencia ética, que se va decantando poco a poco. El ateísta es el filósofo propiamente dicho *[Der Atheist ist der eigentliche Philosoph]*. Él posee la clave de aquella sabiduría y libertad que le permiten proseguir el pensamiento hasta sus más extremas consecuencias y anunciar el juicio más amplio y decisivo sobre la vida y la muerte. Puede consagrase por sí mismo, sin ceremonia alguna, tan solo porque mantiene completamente lejos de sí la ruda e infantil representación de «Dios».

8. El ateísta, si es consecuente, ha de constituir en cada punto relevante la contrapartida del creyente. Por ejemplo, ha de concebir la materia de forma irónica y escéptica, y ha de ser enemigo del ciego y estúpido aumento de la población y de los casamientos.

Proposiciones cardinales del pesimismo

II. El Principio Superior ha de concebirse solo platónicamente

1. Solo hay un Principio Superior [*hohes Prinzip*]. La existencia de tal principio surge de la percepción de una ley que domina internamente el mundo entero de la representación y del concepto. Igual que la luz y las sombras se excluyen mutuamente, todas las cosas están dominadas por la contradicción. Trasladada a la esfera más elevada y filosófica de las ideas, aquella percepción conduce a la expresión de la contradicción más alta, a saber, la que enfrenta la materia y el espíritu puro [*Materie und reinem Geist*].
2. Por eso podríamos designar al mundo originario del espíritu como la *Esfera Superior [Übersphäre]*, porque está libre de los errores de la naturaleza material; y como *sustancia [Substanz]*, porque abarca en sí esencialmente todo aquello que se echa en falta en el mundo común.
3. El principio superior asume todas aquellas características en las que *no* participa la materia. ¡Es único, unitario, armónico, excluye la contraposición entre bien y mal, así como todo aquello que comúnmente se denomina «alteración» y «cambio»!
4. De tan sublime esfera no puede esperarse que haya creado la pella de materia, pese a la relativa capacidad de desarrollo de esta. Pero sí puede admitirse una suerte de hechizo involuntario ejercido por aquella esfera sublime sobre la materia. Pues vinculada con la materia a través de la primera categoría, es decir, la de ser, podría ejercer sobre ella —en cuanto componente rico, profusamente elevado y absolutamente armónico— una atracción mágica extrínseca, completamente inconsciente e involuntaria. Con ello, la ley natural no se vería estorbada, sino *fortalecida*.

5. Así adviene a la materia un impulso *[Drang]* muy especial que lo lleva a abandonar los estados más simples y dominar incluso estratos superiores. Sin embargo, la Esfera Superior permite ese tipo de elevación de la materia que habitualmente se llama evolución *[Evolution]*, solo bajo la forma de una aproximación *imaginaria* e *imitativa [in der Form einer imaginären und imitativen Annäherung]*. Solo mediante una coincidencia muy peculiar entra la materia en la fase de la vida consciente...

6. Este estado de cosas no cambia en absoluto si el hombre se eleva a sujeto trascendental, porque este último no es más que el producto de un anhelo permanente hacia la Esfera Superior, que permanece eternamente retraída; en consecuencia, la existencia le aparece al conocedor como inauténtica y falsa, y todo apunta de nuevo a la disolución. Pues mientras la naturaleza supradivina *[übergöttliche Natur]* se explica desde la perfecta ausencia de todas las propiedades humanas, la naturaleza humana es, más bien a la inversa, un producto de la carencia de cualidades nobles y puras. La Esfera supradivina no podría poseer relación alguna, en absoluto, con el ser humano, sin robarle su capacidad trascendental, pues esta última es demasiado exclusiva para ser comunicable, así que es participada de manera admirable, aunque de forma inversa, precisamente mediante la insuperable distancia del sujeto de la misma.

7. Por elevado que sea nuestro pensamiento sobre la Esfera Superior solo podemos concebirla especulativamente. No hay ninguna relación humana con ella.

8. La Esfera Superior calla eternamente. Es para siempre incognoscible en sus componentes internos, y se forma por estricta contraposición con las vulgares representaciones teístas.

Proposiciones cardinales del pesimismo

9. Incluso por un camino especulativo, nosotros solamente podemos alcanzar hasta el límite exterior del fenómeno, y no hasta su núcleo maravilloso. Todo lo que se encuentra más allá hay que abandonarlo a los colores de la fantasía. Yo, personalmente, por ejemplo, me imagino la Esfera Superior bajo la forma de numerosos centros que experimentan la beatitud de un intercambio armónico de sentimientos e intuiciones potenciales.

10. Nuestro conocimiento se eleva, por una parte, sobre el comtismo, *el cual calla allí donde la filosofía ha de imprimir su sublime sello,* y, por otra, sobre el vulgar materialismo, que únicamente la utiliza en relación con los fenómenos del mundo percibido por los sentidos exteriores, y cuya trivialidad culmina en el tonto y extremadamente perjudicial optimismo *[schädlichen und albernen Optimismus],* mientras que basta con mostrar la contradicción del mundo para que la materia quede reducida a su verdadero valor.

Por consiguiente, el mundo material ha de concebirse *eo ipso* de forma pesimista; y esto, como veremos, de la forma más trágica *[in tragischester Form].* Precisamente allí donde produce su obra maestra, la conciencia, se prueba inmediatamente y de forma segura su incapacidad para pretender el grado de razón.

III. La materia

1. La materia es lo otro, lo más bajo, lo impuro, insatisfecho, desgarrado, fraccionado, fracturado, dividido, despojado, aquello que se siente infeliz consigo mismo; lo que carece de forma, aquello que, abandonado, se concibe en permanente huida de sí mismo; algo que eternamente cambia y está a disgusto; una cosa que se desarrolla siempre de nuevo, y que llena, en fin, de sufrimiento, se eleva, con involuntaria ironía, hasta el nivel de una conciencia infeliz y escindida.
2. Como la categoría del ser se vincula a la Esfera Superior, ella abandona, para escapar de su pobreza, su estado originario y se siente como desalojada y llevada hacia delante, apurándose de nivel en nivel hasta que termina por alcanzar —naturalmente, con recaídas extremadamente casuales y dolorosas—, primero, el nivel de una especie animal, desembocando más tarde en la conciencia humana; con ello puede advertirse que se aproxima de manera puramente imaginaria a la Esfera Superior, pero de tal forma que está obligada a suspenderse a sí misma.
3. Por lo que concierne a los estados originarios de la materia, considerados en su sentido más profundo, estos son indeterminables. Pues la materia, igual que la sustancia, también es eterna, por lo que las ciencias de la naturaleza únicamente son capaces de describir una fase temprana pero nunca el que llaman «estado originario». Lo que los naturalistas ofrecen aparentemente como tal es, para el verdadero pensador, más bien el producto de la resolución de épocas anteriores y no el fundamento.
4. Por lo que concierne a la composición originaria de la materia en su estado *actual*, parece consistir en puntos vivientes *[lebendigen Punkten]*. Yo no me puedo repre-

Proposiciones cardinales del pesimismo

sentar un conjunto cambiante, dispuesto en cierto sentido progresivo, y que se desarrolla de forma ascendente hacia organismos superiores, más que compuesto de seres fundamentalmente vitales y virtuales. Yo los llamo mónadas *[Monaden]*. Y también todo lo viviente procede, por su parte, de lo vivo. *Omne vivum ex vivo*[2]. Mientras la atmósfera se mueve en vibraciones luminosas, las fuerzas, en corrientes eléctricas y magnéticas, a la manera de vibraciones libremente orquestadas, irrumpen repentinamente desde la oscuridad, igual que peligrosos demonios, asumiendo ellas mismas en la materia firme, por su parte, formas pesadas y clásicas. Deben haber existido en una determinada época del mundo diferentes tipos de estos corpúsculos vibrantes, llenos de vida, que luego, cumpliendo sus respectivas misiones, se han asociado de maneras diferentes y han progresado hasta llegar a exponerse en la naturaleza como fuerzas y materias, elementos y diversas formas de luz y color.

5. En el mundo material, la mónada oscila entre la forma material o espiritual. A través de la mónada la vida recibe su carácter fluyente y ondulante; produciendo por doquier, en la connivencia más íntima e instintiva con sus compañeras, el cambio, la formación, el avance y el retroceso, y, ya al final, la conciencia y el autoconocimiento, que, siendo la más dura de todas las pruebas de espíritu, encierra en sí, al mismo tiempo, la suspensión del valor de la existencia *[die Suspendierung des Wertes des Daseins in sich schließt]*.

6. La materia, como aquello que se contrapone contradictoriamente a la Esfera Superior, ha de considerarse, en todas sus secuelas fenoménicas, como lo peor *[deterioripisch]*.

---

[2] «Toda vida sale de la vida». *[N. del T.]*

IV. El hombre como imposibilidad lógica y ética y como maldición del mundo

Erradicación del hombre — Significación de la mujer

1. En la concepción *[Anschauung]* del hombre *[Mann]* radica el centro de gravedad del pesimismo *[der Schwerpunkt des Pessimismus]*. En la crítica de la bajeza del hombre culmina la única, verdadera y correcta aclaración del mundo *[Weltbeleuchtung]*.
2. Por su constitución *[Beschaffenheit]*, el hombre es indigno de su compañera, un impedimento para el matrimonio, y no un motivo de enlace. En general no encaja en el marco de un mundo dotado de razón, pues es demasiado rudo y mendaz; su pensamiento es demasiado defectuoso y laberíntico, y su fealdad exterior demasiado evidente como para que sea capaz de dominar con delicadeza la vida.
3. El hombre es el héroe del trabajo vulgar, un proletario innato y el plebeyo más ordinario. Es el malvado y estúpido diablo *[böse und dumme Teufel]*, que pone obstáculos una y otra vez a la paz en la naturaleza, haciendo de la vida, que está dispuesta para la alegría, la ligereza y las distancias cortas, un infierno satánico sin fin; él es, también, el que valiéndose de la codicia de género hace del sexo humano, que por ser el más noble debería limitarse a algunos valles, un enjambre tumultuoso e indisciplinado que está enfermo en lo más íntimo del alma.
4. El hombre es un eslabón intermedio *[Zwischenglied]* entre el hombre y el animal, pues es un monstruo, y, como tal, se encuentra dispuesto de una forma tan cínica y ridícula que realmente no puede ser por completo una cosa ni la otra.

Proposiciones cardinales del pesimismo

5. La naturaleza ha impreso en el varón, por medio del desarrollo aparatoso y descomedido de sus genitales, el estigma de un fracaso sin igual.
6. Lo que se mantiene como superioridad de la forma sexual del género masculino en todo el mundo orgánico está totalmente equivocada en el hombre, y ello en una doble relación: 1) en relación con la parte más bella del mundo animal; 2) en relación con su compañera femenina. Antes habrían merecido ser llamadas compañeras suyas las cabras y las monas. Pues está constituido de una forma horrible y exhibe por delante sus órganos sexuales, que se parecen a bombas, como si fuese un delincuente. El pecho plano, la feísima barba, con sus gruesos rebordes y ondulantes guedejas, que en contraposición con la presumida dotación de la mayoría de los animales traiciona un carácter inferior, y, finalmente, un órgano fonador abominable y vulgar, por encima de toda medida, cargado de entonaciones ancestrales y malsonantes, le asignan, en verdad, un rango muy bajo en el reino de los seres vivos, dándole un carácter excepcional.
7. Debido a una ironía verdaderamente divina del destino, [el hombre] ha logrado situarse en el punto más alto de la creación, de tal modo que se tiene a sí mismo por un descendiente del mono. ¿Qué habrían dicho las generaciones anteriores de este conocimiento? ¡Ahora, la vida entera ha llegado a ser la tragedia simiesca *[Affentragödie]* del hombre!

La ironía llega tan lejos que algunos investigadores han llegado a denominar retrospectivamente «antropomorfa» a una de las formas más feas del mono.
8. La arrogancia con la que se ha puesto al descendiente del mono en la cima del mundo, imponiendo a la mayoría de las cosas la impronta de su naturaleza, debería llenar de in-

dignación. Esta circunstancia podría dar motivo a las más grandes vindicaciones, porque la obra ya da sobrado testimonio de su miserable y criminal gestor. De hecho, vivimos en un mundo lleno de miseria y de estupidez, de embustes e irreflexión. El hombre quería hacer del mundo un lugar cultivable, pero lo único que ha conseguido es aportar la prueba de que es *un loco innato* y un *monstruo inveterado*. Como se ha dicho, es ciertamente una excepción que, como tal, se ha mantenido gracias a una suerte fabulosa y una oprobiosa maldad.

9. Las mujeres no solo son seres más dignos y preciosos, sino una estirpe mucho *más perfecta* y *noble [vollkommener und adeliger Abstammung],* algo a lo que apuntan las numerosas relaciones que aparecen en las mitologías entre las mujeres y el mar (recuérdese el nacimiento de Afrodita, las sirenas nórdicas, Loreley, el *desinit in piscem mulier formosa*[3] horaciano y la leyenda californiana de que los hombres vienen del bosque y las mujeres del mar). — Ambos géneros se han encontrado más tarde; es decir, los hombres han raptado a las mujeres cuando les ha parecido, cometiendo abusos con ellas, y han corrompido sus instintos de la manera más espantosa. No cabe precisar con exactitud cuán grande era la diferencia original entre ambas partes.

10. El hombre, por sus aptitudes e inventiva, ha de designarse, todo lo más, como *Homini genus* [4], solo que injustamente *[Unrecht],* porque el hombre nunca se ha contentado con este papel, mientras que las mujeres, a las que se les ha aplicado indebidamente la palabra «hombre» *[«Mensch»],* se esfuerzan con razón *[mit Recht]* hacia un orden superior.

[3] «Termina en cola de pez la mujer hermosa» (Horacio, *Ars poetica,* 4). [N. del T.]
[4] «Género humano». [N. del T.]

Proposiciones cardinales del pesimismo

11. Mientras la capacidad de amar, es decir, la capacidad de adaptación de las mujeres a los hombres, no constituye *ningún* motivo originario, sino más bien un producto artificioso de la hipnosis que ejerce el género más fuerte y absolutamente mendaz sobre el que es físicamente más dulce y refinado, el hombre es, en cambio, *de hecho y naturalmente,* el *ser vivo más enamoradizo y lascivo de la tierra [das verliebteste und wollustvollste Lebewesen auf Erden].* La pasión sexual hacia la mujer está condicionada por la *enorme diferencia sexual.* El hombre se alimenta de la belleza y la reputación de las mujeres, y busca, a cualquier precio, hacer copartícipes a estas de su envilecimiento sexual. Mientras el animal hace el amor por un breve período, el hombre siempre está sometido a la intoxicación del sexo *[Geschlechtsrausch].* En la fase del amor, propiamente dicha, se muestra extremadamente efusivo. Recuérdese el número asombroso de poemas y novelas de amor producidos por la febril fantasía de los varones más dotados. Masas enteras de tales quimeras se amontonan ante las atalayas del mundo bello *[schönen Welt].* Así de exaltado está el «eslabón intermedio» en la fase del amor; e igualmente se muestra insoportable e impertinente en extremo, y más caliente que una bestia hambrienta, cuando ha tenido éxito tras su ataque y posee a su presa. Es el único que golpea a su mujer, martirizándola de la manera más refinada, al tiempo que persigue a otras mujeres, haciéndolas esclavas de su escandalosa y ridícula dotación sexual... Su lujuria se transfiere, incluso, al mundo animal, como se muestra en los corrales de pollos y entre los perros domésticos, mientras que, en las regiones salvajes, la vida sexual está mucho menos desarrollada y los animales solo se codician unos a otros de vez en cuando y comedidamente.

12. Hay que tasar al hombre como un *asesino [mörderisch]*. Es un demonio innato y, literalmente, un diablo. Es el más peligroso de todos los seres vivos, la furia de las furias, la Megera de las Megeras. Obsérvese *cómo actúa frente al mundo animal,* que intercepta y mata, llevado en parte por un *ciego impulso de aniquilación,* en parte por el *ciego placer de posesión* y en parte por *sacrificarlo a su hambre insaciable.* (El influjo del cristianismo ha sido aquí poco menos que nulo, así que la fe cristiana, por lo que a esta relación se refiere, ha de tenerse por la peor y más inútil de todas las religiones del mundo.)
13. La historia de la cultura ha puesto a un noble romano y a un indisciplinado judío como las principales personificaciones del *ignominioso* e *ilimitado apetito* del hombre, solo que el sujeto masculino, que lleva un régimen de comidas peor que el animal más salvaje, además, ha introducido el goce de vastas cantidades de licores fuertes.
14. El hombre es el *más codicioso [habgierigste]* de todos los seres vivos. Es peor que una bestia salvaje y ha revuelto la Madre Tierra en todas las direcciones, extrayéndole todos sus tesoros.
15. [El hombre] es el *sujeto más venal [das feilste Subjekt].* Es, de arriba abajo y en todos los aspectos, un vulgar comerciante y un desvergonzado mercachifle. Es el productor y empresario de las cosas más insignificantes, en las que lo que cuenta es satisfacer los deseos animalescos y los impulsos más vulgares.
16. El hombre es *la más envidiosa de las criaturas [der neidischeste aller Geschöpfe].* Su notoria envidia supera todo límite, siendo ella el impedimento esencial del desarrollo espiritual de todo el género femenino, un hecho que no podría ser traído a la conciencia del animal más rudo entre

Proposiciones cardinales del pesimismo

los existentes, puesto que en el mundo animal todo está equilibrado.
17. Mientras que las disputas femeninas son, la mayor parte de las veces, leves, la búsqueda de gresca y de bronca masculinas influyen de manera degradante sobre la vida. El mundo femenino únicamente sirve aquí como pretexto porque el elemento de disputa hace acto de presencia de forma moderada, mientras que en el hombre adquiere formas más fuertes, como en los crustáceos. El hombre es el *sujeto más áspero* y *pendenciero [das rauf- und händelsüchtigste Subjekt]* de toda la naturaleza.
En él todo empuja hacia fuera. Sus costumbres diarias bastan para mostrar su carácter proletario, su esencia diletante y sus maneras desafiantes. Sus errores usuales se cuentan, como los pañuelos, por decenas. Su inclinación para silbar, canturrear, lanzar sus manos al pecho, su encogerse de hombros plebeyo, toda su fea gesticulación dan, en conjunto, triste prueba de ello.
… Léanse, además, los horribles informes sobre los debates en las Cámaras de muchas regiones, y se sabrá con qué desperdicios ha de habérselas uno cuando se trata de los representantes del pueblo, que, por lo general, son elegidos en las tabernas… Les sigue la guerra, que es la manifestación más brutal de la rabia masculina, y expone a las claras su adicción al escándalo, así como su cerrazón mental. Se sabe, o uno podría ser capaz de imaginar, que simples tribunales de arbitraje, convocados en los distritos más próximos a la corte, o cortas luchas de jóvenes y doncellas, deberían conducir con facilidad a una decisión a gusto de todos; mas, en lugar de eso, se lanza a amplias masas unas contra otras, sin perspectiva alguna de que esta desmañada invención tenga éxito, puesto que, si no, según el principio pesimista, caerían

todos los hombres unos sobre otros y deberían preparar un rápido fin al mundo.

... El punto culminante de la escandalosa estupidez del hombre se alcanza cuando ambas partes invocan al Señor Dios, y aún más cuando, como sucede en Europa, la guerra conduce a la contienda a prosélitos de la misma confesión. Este desatino recuerda la anécdota de esos dos mozalbetes que debían ocupar dos butacas delanteras para un señor muy popular, en la Gran Ópera de París. Un día sucedió que, por descuido, las plazas alquiladas estaban separadas unas de otras, de manera que, al aparecer el mecenas, los acomodadores dieron la señal desde dos lados distintos.

18. El hombre trata de llevar, con gran falta de modestia, la voz cantante por doquier, siendo el *más charlatán [schnatterhafteste]* de los seres vivos. A este respecto, lo que puede percibirse de las mujeres no es más que un simple bisbiseo y un balbuceo. Sorprendentemente, este rasgo falta incluso en la participación de las mujeres en las tareas cotidianas y en los asuntos públicos; por eso, tanto la historia del mundo como la diaria, al estar llenas de hombres, dan una impresión tan estéril. La historia entera, salvo raras excepciones, es una «historia de los hombres», y por eso es extremadamente tosca y un mal ejemplo.

19. La blasfema y enloquecida arrogancia del hombre se expresa mucho menos en la elección de un jefe —que en ciertas circunstancias es necesaria—, que en las múltiples gradaciones de la numerosa nobleza. Gracias a que algunas naciones han mostrado su divergencia en esta manera de pensar, este disparate no ha encontrado curso por doquier; pero, lamentablemente, el único lado verdadero y plausible del asunto no ha sido visto por ninguna parte, a saber, que precisamente, y tomada en sentido estricto, la nobleza solamente debería asignarse a las mujeres, pues

Proposiciones cardinales del pesimismo

para expresar esa nobleza de la forma más digna y humana posible se requiere una apariencia pura y las maneras no animalescas que adornan solo al mundo femenino. No se ha comprendido nunca que la nobleza desemboca en la Teosofía *[Theosophie]*, y no en la persecución del mundo femenino, el martirio de los animales, el descuido del saber y de las capacidades, etc.

20. También tienen su lugar errores y particularidades relativamente bajos en el género masculino, pues bastaría con que la vulgar disposición masculina fuese aprovechada por las mujeres para mandar a los hombres mismos a la primera fila, para avergonzarlos de tal modo que el diablo se reiría de ellos hasta morirse de risa. Piénsese, tan solo, en que los hombres son los fundadores de los diarios, de las publicaciones dedicadas al chismorreo, las revistas de moda y literatura y de vulgares reportajes sensacionalistas, y se me comprenderá. A esto hay que añadir el placer, verdaderamente bestial, del género masculino por el deporte, las diversiones y juegos de todo tipo… Con todo lo dicho, la institución masculina sucumbe de tal modo a la crítica filosófica que incluso el animal más estúpido podría ser su guía moral.

21. Salvo raras excepciones, el hombre es el adversario innato de la razón y de la humanidad, y corrompe desde el principio al género superior. Aquello que cumple el animal por sí mismo de forma natural es lo que el hombre encuentra de nuevo solo usando sus mejores cabezas y elevándolo luego a regla de conducta. Por eso, la cultura entera —o, como a nosotros nos gustaría llamarla, ese absurdo *[Unsinn]* que tiene lugar ante nuestros ojos, fundado y regido por el hombre— no puede tasarse muy alto.

22. Por doquier, el espíritu filosófico (que únicamente se presenta en casos aislados) ve la devastación que causan la in-

sensatez y la depravación. En todas partes encontramos el horrible arrebato de los propietarios de bienes inmuebles y de los gobernantes, ya se manifieste como búsqueda de honores y rivalidad, o como odio, envidia, deseo de placer sexual y lujuria, codicia y matonismo.

23. Por mucha fantasía que pueda contener incluso la producción particular del hombre, toda ella aparece, igual que la perla en la concha, como una «enfermedad del animal».

24. El hombre, por su deseo de placer sexual, por su carencia, bajo cualquier aspecto, de auténtica razón, y a pesar de todo el cuidadoso empeño que ha puesto en compensarlo con los innumerables chismes y entretenimientos que ha introducido en el mundo, ha hecho del mundo una jeremiada *[Jeremiade]* sin par; un temible lecho de Procusto saturado de espeluznantes estiramientos, una agonía sin parangón que *oscila* entre aquellos trabajos sumamente rudos y peligrosos que degradan a los sujetos al nivel de esclavos (y que, considerados más detenidamente, han sido impuestos de la forma más arbitraria), y aquellos otros que se fijan como pólipos a los goces más voluptuosos y deshonestos. En lugar de restringir al máximo el número de casamientos y el continuo aumento de las relaciones sexuales, introduce cada vez más motivos para hacer que toda la esfera terrestre se convierta en un lugar peor que el infierno, encadenando cada criatura con millones de trampas a una desventurada existencia *[unseliges Dasein]*.

25. ¿Adónde se encamina esta especie de comedia barata, cargada de colorines inmundos y chillones, que constituye nuestra estúpida semicultura? Como es sabido, en ella todo gira tan solo en torno al vestido, la vivienda y los medios de producción. En cambio, la naturaleza les ha prestado gratis a los animales las pieles más envidiables y

Proposiciones cardinales del pesimismo

los más bellos plumajes para cubrirse, que no están sometidos a ninguna moda. El animal, igual que el filósofo, lo lleva todo consigo *(omnia sua secum portans*[5]*)*; a menudo compone su vivienda solo con escasas ramas y mediante su destreza, o gracias a la fuerza de vuelo, constituye para el hombre ese ideal al que aspira, pues hasta el momento no conoce nada superior y se reduce a inventar técnicas de vuelo que, en general, resultan insuficientes y le ponen en ridículo. ¡En este punto son maestros insuperables, no solo el pájaro, sino también la mariposa e, incluso, el escarabajo de san Juan! Y por lo que se refiere a los tejidos, el «eslabón intermedio» siempre está insatisfecho: altera y cambia continuamente la moda, rige la vida, siguiendo los principios más malos y poco serios, y, en consecuencia, *a pesar de toda su aparente cultura, se sitúa, en la mayoría de los respectos, muy por debajo del nivel de los animales.* Además, los animales suelen vivir, en la mayoría de los casos, bajo condiciones filosóficamente más favorables que el ser humano *[Mensch], pero, debido a que encuentran alimento con dificultad,* hacen acto de presencia en todas partes en pequeñas manadas, allí donde el ser humano *[Mensch],* es decir, el hombre *[Mann],* ha almacenado grandes cantidades de alimento para multiplicarse sin fin, tanto él mismo como su ganado.

26. La misma insatisfacción domina en todos los ámbitos científicos. Las proposiciones más conocidas son cuestionadas de nuevo, con lo que, al final, todo el edificio se derrumba fácilmente. Personalmente, me tomaré la libertad de desmentir la astronomía. Las maravillas del firmamento solo son para mí imágenes del electromagnetismo, del calor

---

[5] «[El hombre sabio] lleva consigo todo lo que posee» (dicho atribuido por Cicerón a Bías de Priene). *[N. del T.]*

y del frío, y las estaciones del año puros procesos y oscilaciones meteorológicas. — No cabe hablar aquí de que las principales ciencias apenas progresen. Parece como si fuésemos para atrás, como los cangrejos. Pues lo más doloroso de todo es que, por ejemplo, los antiguos filósofos a menudo ya descubrieron y enseñaron la verdad, mientras parece como si los maestros posteriores la hubiesen oscurecido y luego la hubiesen aclarado con agua sucia.
27. Y, sin embargo, la ciencia es, en cierto modo, algo beneficioso porque es el arma más importante contra la religión. Pues, desgraciadamente, el hombre también ha basado la religión en todo tipo de supersticiones y porquerías *[Aberglauben und Schund]*, y hay que emplear el mayor de los esfuerzos para liberarse otra vez de tales ultrajes.
28. Aún pueden elevarse objeciones más fuertes contra las artes que contra las ciencias, porque estas últimas han sido sobrestimadas por el filósofo Schopenhauer, mientras que el gran Platón, el rey de los pensadores, ha concedido a las artes su verdadero lugar, que es subordinado. No hay ni una sola palabra verdadera en la tesis schopenhaueriana de que las artes se practican sin participación de la voluntad. La voluntad que se dirige hacia las cosas ajenas es tan voluntad como aquella que se refiere a los propios intereses, que, a menudo, especialmente en una posición vital privilegiada, posee una significación más amplia. Además, nuestra implicación en determinadas épocas y representaciones es a menudo tan acusada que el sujeto cae en la mayor excitación, precisamente a través de la concepción artística. Finalmente, las enormes cantidades que se despilfarran en cuadros, etc., prueban que no es solo el puro intelecto lo que se pone en juego en los asuntos artísticos. Igual que sucede por doquier,

Proposiciones cardinales del pesimismo

también el gusto es subjetivo en el ámbito de las artes; y, en general, en los elementos de cosas artísticas solo son objetivas las formas más simples de la fruición. Esta breve refutación de Schopenhauer basta para mostrar que las artes no solo son *perjudiciales,* por cuanto inflaman el afecto, sirven a los ídolos de la superstición y transmiten toda suerte de apariencias falsas y frívolas producidas por la vida (con la excepción de algunas pocas obras, que apenas despiertan sensaciones puras), sino que sirven como *trampas [Fallstricke],* encaminadas a elevar la alegría por la existencia *[der Freude am Dasein].* Como manifestaciones de una capacidad enormemente elevada, las artes solo podrían ser consideradas esotéricamente y no sacrificarse a la masa.

29. Tampoco se deberían amontonar masivamente los fenómenos místicos y dejar a los muertos en su ámbito. ¡Quien aún no ha comprendido la verdad de la mística permanece como un necio estulto a lo largo de toda su vida!
30. Todas las afirmaciones que me veo obligada a lanzar contra el sexo masculino, sus aspiraciones y sus obras se basan en la verdad. Pueden someterse a la crítica más acerada, probándose, sin embargo, como algo fundado y convincente.
31. Raramente se profundiza en el tema del hombre; primero, porque es difícil de dominar, y en segundo lugar, porque es un extraordinario incordio y algo de mal gusto *[außerordentlich unsympathisch und unästhetisch ist].* Su impureza y prosaísmo son insondables, de manera que el imputado, que es quien debería ponerse por sí mismo a declarar, retrocede ante su propia basura *[Kot],* y pasa a convertirse para siempre en su mejor postor, con lo que la mentira crece de forma monstruosa.

32. El hombre solo es aparentemente un divertido avatar de la naturaleza; en realidad, es el experimento más venenoso y peligroso de todo el cosmos [Weltbereich].
33. Hay que ponerle coto al sexo masculino, incluso en relación con sus ventajas, tan extraordinariamente aparentes como impertinentes, porque a través de sus productos presta una duración demasiado larga a la existencia; por eso debería permitírsele al genio masculino manifestarse solo de una manera controlada, sin ponerlo en manos de la opinión pública. Únicamente ha de dejarse oír ante todo el mundo al filósofo, porque no solo es una *rara avis,* y como tal un fenómeno extraordinario, sino que incluso allí donde aparece de forma incompleta actúa como un bálsamo, porque se encuentra en camino hacia la verdad. Por eso también debe tomar la palabra, para conducir, por una vez y razonablemente, a la redención [Erlösung].
34. Las excelentes cualidades que se encuentran en ciertas naturalezas masculinas excepcionales, y los vulgares proverbios morales de campesino que se han ido encontrando, han de apreciarse en muy poco, porque lo bueno le llega al hombre demasiado tarde, y solo empieza a reflexionar sobre sí mismo después de que ha abierto la puerta de par en par a todos los vicios y errores de la forma más taimada y con total despreocupación. De ahí la abundancia de cárceles y manicomios en los que la estupidez, el crimen y la traición celebran sus orgías más infames.
35. La ciega voluntad de poder *[der blinde Wille zur Macht]* —nombre que se le ha dado al turbio rasgo fundamental del hombre— es, en nuestra opinión, lo *más reprobable* y *estúpido [das Verwerflichste und Törichste]* que existe en toda la naturaleza. Su revancha es el debilitamiento de la inteligencia para los descendientes, puesto que el monstruo que se esfuerza ciegamente en pos del poder deja a

menudo tras de sí estiércol, como a veces demuestra la condición espiritual de nuestra nobleza. Por eso, entre las memeces más infames a las que se ha visto sometido el mundo germánico se encuentra el homenaje a un tal Nietzsche, que ha promocionado aquel malvado rasgo fundamental de la manera más condenable y estúpida. Es, y sigue siendo, inconcebible cómo pudo llegar la inteligencia germánica a la desgracia que ha supuesto este ridículo filólogo suizo, tan estupendamente caricaturizado por el escritor y novelista G. Keller bajo el personaje del conde Strapinski, en su relato *El hábito hace al monje*. Afortunadamente, pronto se ha tomado posición frente a este escritor tonto y de espíritu completamente idiotizado, por lo que esperamos no vernos más en la penosa tesitura de tener que poner en ridículo a un sujeto de tal manera inflamado por la nobleza vulgar, por la clerigalla y sus ridiculeces. Pues aquel loco *[Narr]* no solo fue, por una parte, un enemigo mortal de la filosofía *[ein Todfeind der Philosophie]*, sino que también lo fue del simple cristianismo, cuya doctrina moral, aunque no muy profunda, puede, no obstante, llamarse buena y no tiene nada que ver con la vulgar arbitrariedad.

    Las tareas que se desprenden de nuestras principales proposiciones resultan fáciles de adivinar. Según ellas, la parte del león de la existencia corresponde a las mujeres. *Ellas son la verdadera humanidad [Sie sind die wahre Menschheit].* El *homenaje [die Ehrung]* que ha de tributarse al mundo femenino se basa en el reconocimiento de la superioridad femenina en todos los puntos principales. Basta con saber que el mundo femenino está dispuesto de forma más humana y bella, que está constituido por la naturaleza de forma más casta, pura y santa, y que, en fin, está, por naturaleza, lleno de instintos filosóficos *[philo-*

sophischen Instinkte] —instintos que, como hemos visto, faltan por completo en el hombre vulgar—; además, la mujer detesta las expansiones desmesuradas de la esfera vital, desea ver la existencia basada en fundamentos más simples y racionales y prefiere instintivamente el no-ser al ser *[das Nichtsein dem Sein instinktvoll vorzieht]*. Desgraciadamente, los instintos femeninos han sido reprimidos de una manera espantosa, pero bastaría con despabilarlos súbitamente para afirmar de nuevo el nivel ideal. Puesto que los fundamentos han sido bien trazados y todo el desastre únicamente ha de atribuirse a la maldad y a la falta de inteligencia del otro sexo, basta con que el mundo femenino sea purificado mediante una educación más libre y audaz, alentada mediante una temprana elección de carrera, el reparto de las ciudades por sexos y la restricción del número de casamientos, que conducirán, finalmente, a una eliminación de las parejas. Entonces, las mujeres volverán a ser sagradas por naturaleza y se volverán dignas de un verdadero culto *[Kultus]*. El feminismo ha de ser investido de brillo y esplendor *[Der Feminismus muß mit Feuer und Glanz ausgestattet werden]*. Es el ideal más sagrado de la época moderna. Que los nobles derechos naturales de las mujeres hayan sido descubiertos tan tarde lanza una terrible luz sobre la, así llamada, historia del progreso humano. Para alguien falto de información, pudo haber algo inquietante en el contenido del feminismo; pero tan pronto alcanzamos este punto, la filosofía alza su muy noble cabeza y nos dice: «la nueva doctrina solo implica el sacerdocio de la mujer, demuestra la verdad del pesimismo y la necesaria miseria del mundo en la presente constelación, pero no la prosecución sin fin de la existencia». Entonces se reconocerá a las mujeres como seres superiores, debido a su elevada misión, como sacerdotisas de su sexo, como

Proposiciones cardinales del pesimismo

nobles por naturaleza. Con la percepción de la ley vital superior también llegará a hacerse al mismo tiempo completamente claro su destino filosófico, el cual se ve en que ellas aparecen como guías en la muerte *[Führerinnen in den Tod]*, preparando el fin de los fines *[das Endesende]*. ¡Este será el ideal que aparecerá acto seguido, en vez de un ideal sin meta ni fin!

V. Panel masculino

Proposiciones normativas para el sexo masculino

1. Tenéis que reflexionar a fondo sobre vosotros mismos y reducir vuestra arrogancia. No os hablaré lanzando rayos y truenos, sino desde la más profunda convicción y dando razones de mayor peso.
2. Deberéis vivir manteniendo una tenaz lucha contra vosotros mismos y vivir según vuestra propia naturaleza, pero no seguir su tirón. Obedeced a vuestra voz más íntima y os daréis cuenta de que ella os agravia permanentemente, condenando vuestras principales tendencias. Por eso resulta indecoroso que vosotros estéis en la cúspide de todas las instituciones y creáis que podéis dominar el mundo.
3. Dejad que, en lugar de vuestra autoafirmación y amor propio, haga acto de presencia un juicio pesimista [ein pessimistisches Urteil]; poneos a prueba e investigaros sin miramientos, y rebosaréis de odio contra vosotros mismos y vuestra existencia.
4. Miraos por fuera y descubriréis un sujeto que, tomado estrictamente desde una perspectiva general, no puede competir con los simples cuerpos de los machos animales. Habéis perdido, en particular, la primacía del fenómeno masculino. La corona de la creación es, más bien, vuestra compañera. Vosotros mismos solo tenéis la fuerza de los machos animales y no habéis heredado la superioridad de la bella forma, tapada por la disposición sexual natural. Lleváis vuestra señal corporal criminal por delante y mostráis un semblante plano, muy poco digno del ser humano.

   Examinaos por dentro y encontraréis un sujeto lleno de errores básicos, de necedades y de locuras, cargado de una pedantería pesada y penosa, que tropieza a cada paso,

Proposiciones cardinales del pesimismo

y colmado de apetito por fallos fundamentales que se ofrecen como recompensa a una masa permanentemente seducida por nuevas estupideces, lo que viene sucediendo hasta que el mundo ha llegado a ser un manicomio, un paraje que provoca la vergüenza universal, un caleidoscopio de los más enormes desatinos y mentiras y una pajarera, llena de abigarradas criaturas... ¿Acaso no habéis producido, entre otros muchos errores de bulto, las religiones, con su mezcolanza de disparates, de falsa moral y estúpidas ceremonias, con sus infaustas consecuencias para el progreso, la paz y el orden? Sin duda, ahora trataréis de decir que estas falsas doctrinas se reducen a nada. Solo que, por lo pronto, este descubrimiento llega tarde para millones de almas, y, en segundo lugar, a pesar, o a causa, del materialismo y el vago comtismo, necesitado de un complemento, todavía falta una doctrina satisfactoria y de conjunto, todo lo cual debería conducir a la victoria del pesimismo, con sus elementos fundamentales, a saber, el apartamiento de una posible instancia metafísica y la consideración del mundo como una nulidad, en especial a partir de una humanidad constituida de un modo tan imperfecto.

5. Id más lejos; mirad en vuestro interior y os daréis cuenta y sabréis de una vez, sin traicionaros, que sois los seres más violentos que existen. Incluso el animal más salvaje solo es culpable de ciertos crímenes, y no es absolutamente vicioso y ansioso de botín (como demuestra la división entre especies vegetarianas y carnívoras); en cambio, el hombre se muestra como el maestro de todas las cosas malvadas y oscuras, haciendo también gravemente culpable al mundo femenino, conduciéndolo incluso al verdugo a través de las relaciones más miserables, a las que da lugar su sed de sexo y procreación.

6. En todas las disciplinas superiores y comunes —que, consideradas correctamente, son solo consecuencia manifiesta de la superpoblación—, hacia las que involuntariamente os esforzáis, después de que esta desgracia haya ocurrido, no debéis tomar decisiones ni realizarlas sin consultar a la otra mitad del género humano. Si obráis de otro modo seréis la arbitrariedad y la tiranía mismas; y esto por partida doble, ya que sometéis la parte propiamente humana y simpática a vuestro desalmado despotismo. ¡Sabed que esta dominación forzada resulta insoportable y que ningún animal la aguantaría si pudiese percatarse de ella! Es realmente horrible que, en un mundo lleno de mujeres, sea el hombre quien dé el tono por poseer atributos diferentes. Por eso digo que es vuestro deber y responsabilidad poner fin a este escandaloso reinado despótico, que es único en todo el reino de los seres. Vuestra mendacidad no tiene que alcanzar el punto más alto para que se os *excluya* de unos negocios que deberían desempeñar y gestionar en *primerísima línea* las mujeres, porque os preceden ética y sexualmente. Igual que cuando una piedra rueda toda la carga se cae, una pequeña deferencia de la naturaleza os ha destinado a fundar la más horrible tiranía. Tan fuerte es la hipnosis *[die Hypnose]* que ejercéis que aun ahora pocos son los que se dan cuenta de la insostenible situación en la que os encontráis.

7. ¡Devolved a las mujeres todo su derecho, no viváis más tiempo de su honra, no busquéis en ellas la redención de vuestros errores naturales, no las apetezcáis en matrimonio, liberadlas de vuestra inmediata presencia, no perjudiquéis más su salud, dejadlas ser para sí mismas, dejadlas vivir en sus propios distritos de las ciudades, como sacerdotisas de su sexo!

Proposiciones cardinales del pesimismo

8. ¡Dejad que las mujeres ocupen por sí mismas su propia esfera! Las mujeres han de ser sus propias educadoras, maestras, médicas, economistas y funcionarias de rango superior. En la mayoría de los aspectos, sois lo más tosco que haya existido jamás dentro del desarrollo de los Estados. Pues aun en las antiguas mitologías las más elevadas alegorías para el Derecho, la Ciencia y la Fuerza de la Naturaleza eran representaciones femeninas; los romanos, además, atribuyeron toda su sabiduría a sacerdotisas; en cambio, ¡vosotros estáis *completamente desprovistos de tales ideales*, y hiede por doquier la peste, carente de perfume, del género masculino!
9. Pero todo esto ha de cambiar. En todos los campos, y no solo en ámbitos aislados, debe abrirse camino la fuerza de las mujeres. En primer lugar, no puede constituirse comité alguno sin que las mujeres sean consultadas o se anuncie su ingreso. Todas las asambleas y representaciones de cada ciudad y región han de tener su correspondiente cuota de mujeres. Una reina que gobierne, algo que ahora raramente se da, ha de ser doble y triplemente apreciada; y, en fin, también han de ponerse mujeres a la cabeza de las repúblicas.
10. Tenéis un montón de cosas que reconstruir y transformar desde la base, y muy especialmente el poder mundial que habéis creado, desde sus fundamentos. Pues vuestra utilidad se pondrá de manifiesto, tanto ideal —en todas las instituciones— como material o físicamente, mediante la renuncia al trato y comunidad con las mujeres. Devolvedles todos sus dominios y conceded la palabra a la perla desechada. Si nada pudiera convenceros de lo justificado de tales exigencias —aunque solo un estómago capaz de soportar hierro, clavos y pedazos de carbón ardientes pudiese aquí permanecer insensible—, pensad cuán in-

soportable les parecería a muchos de vosotros un debilitamiento de los principios fundamentales de la libertad mediante vacilaciones en la esencia del Estado y mediante la aparición de algunos bravucones que amenazasen cualquier convicción superior. Por eso, empezad por vosotros; recorred todo el campo que tan mal habéis administrado y no seáis gandules a la hora de emprender reformas del más grande calado.

11. ¡Como recompensa, os invito a que participéis de los beneficios que implica la costumbre de tener una mente pura, un cielo más claro y la conciencia de haber pensado y actuado como filósofos de la más pura raza, una reputación con la que, seguramente, ni habíais soñado!

Proposiciones cardinales del pesimismo

VI. Panel femenino

Máximas para las mujeres

1. ¡Tenéis que ser fieles a vosotras mismas!
2. ¡No debéis tender hacia Dios!, pues Él no es más que un producto del cerebro masculino, lleno de extravíos y errores. Os basta con perfeccionar el interior y manteneros firmes en un nivel superior en el pensar y en el sentir. Además, existe —como demuestra el pensamiento filosófico— una Esfera Superior que constituye la más pura contraposición a la materia y que únicamente está unida a ella mediante la categoría del ser; y está frente a ella, sin pretensiones e indiferente. Como algo perfecto, ella misma se presenta siempre ante la intuición lógica y poética como femenina, y siempre merece ser traída de nuevo y de manera especial a la viva representación.
3. No debéis dejaros imponer por los hombres, salvo excepciones, que no hacen sino confirmar la regla. El hombre no es, en sí mismo ni por sí mismo, ejemplo aceptable alguno. Estando, por su apariencia sexual, muy por debajo de los mismos animales domésticos, y siendo completamente indigno de su mujer; siendo por su falta de autodominio y de unidad de la voluntad el más temible de todos los seres vivos; siendo por su petulante pensamiento y esfuerzo, que se ve en una relación irracional respecto de su disposición sexual natural, un espíritu incierto y cuestionable o enteramente un loco, resulta muy poco apropiado para situarse en la cúspide del mundo y, en general, para tiranizar al género femenino.
4. ¡Sentíos, por vuestra indisputable belleza, dulces maneras y claridad de espíritu como seres naturalmente superiores;

como un sexo más noble, aristocrático, aureolado por la naturaleza de un nimbo sacerdotal que os remite a seres naturalmente superiores, de manera que solo estáis ligadas a los hombres exteriormente!
5. ¡Odiad a los hombres y el matrimonio! Sentíos como un poder colectivo dotado de un alto valor cultural que se eleva hasta la más alta significación filosófica y, como tal, decide sobre la vida y la muerte *[über Leben und Tod entscheidet]*.
6. Por eso, tenéis que declarar nula toda religión o cualquier cosa que se le parezca... Pues esa religión habría de ser optimista otra vez, mientras que la sabiduría de la mujer es ética y pesimista *[ethisch und pessimistisch]* en relación con el engranaje universal, y una vez liberada de todo roce deshonesto remite el propio sexo, con profunda sensatez, a la extinción *[dem Aussterben]*.
7. Emprended una lucha sagrada *[heiligen Kampf]* contra el mundo masculino, para recuperar la honra y la libertad que habéis perdido, y probad así que os parece preferible el fin de vuestro sexo a su pervivencia en el pecado y en la vergüenza, en la debilidad del espíritu y en el completo embotamiento de los sentidos y del gusto.
8. Sabed que el celibato *[Ehelosigkeit]* basado en fundamentos conscientes y universalmente válidos es la señal más distinguida de la genial condición femenina, y que, incluso, significa el genio mismo de la mujer.
9. ¡Exigid vehementemente vuestra participación en la jurisdicción del Estado! Exigid con energía el acabamiento del Estado masculino, unilateral y eternamente regido de forma poco equitativa, y también que se facilite el acceso a todos los ámbitos del Gobierno y de la Administración a las mujeres, o que ambos se pongan a sus órdenes.

Proposiciones cardinales del pesimismo

10. Habéis de saber que, allí donde lleguen a discutirse asuntos o casos relacionados con las mujeres no solo debe tenerse en cuenta el consejo femenino, sino que las mujeres han de llevar la voz cantante, o, mejor dicho, son las que han de decidir.
11. Puesto que habéis de estar solas, es menester que las ciudades se dividan en función de los sexos, y que la concentración de toda la actividad femenina se produzca en su propia mitad de la ciudad, que también debe tener *lugares* específicos *para la muerte [Todessttäten]* de cada sexo... Solo después, cuando acabe la odiosa promiscuidad entre hombres y mujeres, que asume un carácter tan intenso en la nobleza, de manera que ambos sexos únicamente sean distinguidos por sus apodos; solo cuando vosotras viváis y habitéis de forma separada llegaréis a poseer todos los derechos y desempeñaréis convenientemente y con facilidad todas las profesiones, mientras que en aquellos lugares donde aún se siente el ruido de la lucha y todo está embrollado, la envidia masculina y la provocadora e hipnótica manera de actuar del «varón» raptor y homicida siempre tiende a quitarle una y otra vez el laurel al mundo femenino.
12. Manteneos lejos de cualquier reverencia perjudicial hacia las obras y creaciones masculinas. Elegid solamente aquellas que sean mejores y más aprovechables... Pues el hombre, debido al placer proletario que encuentra en el trabajo y la productividad, se ha impuesto desmedidamente a la conciencia. Por eso conviene precaverse contra sus superfluas producciones y cebos. Los géneros poéticos que parecen más nobles como, por ejemplo, la tragedia se basan en la sobrevaloración del afecto. Pero el sentido refinado evita las emociones fuertes y rechaza tomar en consideración las cosas feas o lisa

y llanamente perjudiciales que lleva consigo la realidad, así como conducirlas a una imagen especular que solo cabe calificar de pseudoartística. Fuera de la conquista y afirmación de vuestros derechos, vivid en la simpatía por vuestro sexo, así como en la más refinada etiqueta respecto de él, pues vuestro gusto solo ha fortalecido y aumentado vuestro propio sentimiento y la predilección por vuestro propio sexo y por sus pretensiones y progresos, para fundar el señorío de las mujeres y asegurar dignamente el sacerdocio de las mismas; ¡vivid con sentimientos comedidos, inspirados en dulces convicciones y en el goce de la inagotable belleza de la naturaleza!

* * *

Himno a la Esfera Superior

¡Ah, ved como en verdad os engañó vuestra esperanza!
¡Ella queda muy lejos de vosotros, y no os creó!
Pues, de haberlo hecho, se habría despreciado y odiado a sí misma;
¡Ni siquiera os conoce! ¡En vano se arroja
el pueblo, la muchedumbre, de rodillas ante ella!
¡Vano es pedir, mendigar y clamar a gritos!
¡Ella está ahí, entronizada, en alegre y bella majestad!
Permanece, sin embargo, eternamente cerrada para vosotros,
operando solo a través del ser,
ligada al más ínfimo y tosco grano de materia,
de manera que él mismo lucha por librarse de sí mismo,
solo que, pese a todo el juego de formas,
no alcanza ninguna meta segura; y luego, finalmente,

Proposiciones cardinales del pesimismo

cuando aparentemente se eleva mediante la conciencia,
es cuando más profundamente se desprecia, porque su
   principio:
desarrollarse más alto, descansa sobre la vergüenza,
y alaba la muerte *[Tod]*, como el líder coronado.

Maldición del emperador Tito

Si tú, magnífico, te preocupas también por la burla,
que seguro afecta a aquellos que la provocan;
si has proporcionado motivos al poeta,
tan convincentes como el trigo;
si has esparcido a los cuatro vientos
un pueblo vil, siempre presa del odio;
si has liberado de una carga mezquina y yerma,
y de la maldita turba a una tierra fértil;
si le has arrebatado hasta el último terrón,
por el honor y la patria, por el hogar y la corte,
a la chusma, que va siempre tirando,
perseguida por la vergüenza, acosada por su destino,
has hecho mal las cuentas, sin embargo,
al dispersar condenados y malvados —
¡Por eso te condeno y maldigo!
Si has echado tan pesadas maldiciones;
si has empujado al aburrido ganado
a llevar una vida crédula y vacía,
apretada en yermos rincones y apriscos;
condenada a blasfemar, regatear, apestar, y enamoriscarse;
si el pueblo fue luego burlado y ridiculizado
en todas las plazas por su vileza y bajeza,
si ha aprovechado, con todo, su tiempo
para corroer a otros con el mismo veneno.

Si un ciego hace a otro ciego,
y nos estorba a nosotros, los filósofos, los sabios —
¿No se lleva el viento toda esperanza?
¡Por eso te maldigo una vez más, infausto Emperador![6]

---

[6] En el escrito original, la autora no especifica a qué «emperador Tito» *[Kaiser Titus]* se está refiriendo. Por la crítica que dirige a su figura, el poema parece tener como protagonista, más que a Tito Flavio Vespasiano (que gobernó del 79 al 81), a su hijo Tito Flavio Domiciano, que ejerció como emperador del 81 al 96, y que adquirió fama por el carácter cruel y tiránico de su Gobierno, durante el cual hubo diversas persecuciones contra los cristianos y fueron expulsados de Roma en el año 92 los filósofos (entre ellos Dión Crisóstomo y Epicteto), acusados de subversión. Por lo demás, y también dentro del terreno de la especulación, es posible que Helene von Druskowitz esté realizando en este poema una crítica velada de sus contemporáneos, los emperadores Guillermo II de Alemania o Francisco José I de Austria. *[N. del T.]*

Intentos modernos de sustituir a la religión. Ensayo filosófico

1886

I

El presupuesto del que parte este escrito es la percepción, que se impone a cualquiera que carezca de prejuicios, de que el cristianismo pierde cada vez más su poder sobre el ánimo de los principales pueblos cultos y avanza necesariamente hacia su disolución, aunque con un grado de velocidad diferente dependiendo de los distintos pueblos de los que se trate. Por qué este proceso de desmoronamiento y de mortificación resulta necesario no es algo que creamos que debamos explicar a los lectores a los que principalmente está destinado este escrito. Esta cuestión ya ha sido respondida de forma exhaustiva en otra parte.

Ahora bien, por importante que sea desprenderse gradualmente de una religión completamente inconciliable con el espíritu moderno, nunca podrá bastar simplemente con liberarse de ella, pues la religión en sus formas superiores es la expresión de una necesidad ideal del espíritu humano *[eines idealen Bedürfnisses des Menschengeistes]*, aunque solo sea una necesidad provisional e imperfecta. A pesar de todos los elementos perjudiciales que la acompañan, puede dar una cierta elevación a los ánimos y dejarles presentar algo superior, aunque de forma ilógica, mientras que el nuevo ateísmo cuenta entre sus manifestaciones más insatisfactorias la carencia de piedad y la consecuencia necesaria de la falta de cualquier tipo de seriedad. Por eso no se puede permanecer en la simple negación de la religión y, en el fondo, solo tiene pleno derecho a ser un espíritu libre *[Freigeist]* aquel que, después de haber apartado las supersticiones, aún busca un nuevo y fiable objeto de su más elevada confianza y esfuerzo, capaz de satisfacer de la misma manera el ánimo y el entendimiento. En lugar de la religión, debe situarse algo superior y más perfecto.

Mas ¿cómo debería diseñarse algo superior y más perfecto? ¿Habrá diferentes sustitutivos o solo uno que merezca esta denominación? Y en caso de que solo hubiese uno, ¿estará en situación de llegar a ser un poder parecido al de la religión, que abarque las naciones más avanzadas y las una, como ella lo hizo? ¿Podrá unir entre sí a los intelectuales y al pueblo? A los ojos de la mayoría, no podría haber en nuestro tiempo estético —en el mal sentido de la palabra— nada más superfluo e intempestivo que plantear tales preguntas y dedicarse a reflexionar sobre las mismas, pues parece claro que la mayoría de aquellos que no tengan esta cuestión por algo completamente carente de significado responderán a las preguntas arriba planteadas diciendo que el intelectual puede necesitar de todos modos un sustituto de la religión, pero que se debe dejar a cada uno que elija o se cree tal sustituto; mas por lo que concierne a la multitud en los pueblos más avanzados culturalmente, se es muy capaz de dejarla caer víctima de una nueva superstición, en vez de transformar en carne y sangre una doctrina fundamentada en una cosmovisión que concuerde con los hechos.

Contra la primera observación, es decir, la de que debería dejarse a cada intelectual elegir o crear por sí mismo un sustituto de la religión, se puede objetar que la religión trae a expresión, en sus más altas manifestaciones, ideas que solo pueden ser sustituidas de la manera más perfecta por representaciones completamente determinadas, pero de ningún modo por el primer objeto superior que se presente. Ni el arte, ni la ciencia, ni el culto a la naturaleza, ni la labor filantrópica son capaces de sustituir el reino de la religión, aunque ellos pueden ser, en cierto sentido, apoyos y partes constituyentes de la nueva doctrina. Por lo que se refiere a un sustituto de la religión, se trata de un determinado grupo de formas de pensamiento y sensaciones que deberían satisfacer de la manera

Intentos modernos de sustituir a la religión

más activa, y en idéntica medida, tanto al ánimo como al entendimiento.

Además, no es en absoluto obvio por qué el verdadero sustituto de la religión, que podría llegar a ser al principio vinculante solo para los intelectuales, después no podría captar, también de manera paulatina, a las clases más bajas (naturalmente solo dentro de las modernas naciones avanzadas). Al menos no puede disputarse sobre la posibilidad de un progreso general en esta dirección.

Por lo común, se tiene a la naturaleza humana por demasiado poco capaz de cambio y de mejora, y se desespera antes de que siquiera llegue a hacerse un intento de conducirla por un nuevo camino. Es obvio que una doctrina superior que sustituya a la religión no se asentará firmemente en las mentes, ni su reino podrá fundamentarse de hoy para mañana. Pero sí existe la posibilidad de que, paulatinamente, cuando pase a ser objeto de práctica y de enseñanza, sea mantenida por asociaciones promovidas por la palabra y la escritura, pudiendo convertirse en una guía espiritual capaz de abarcar todas las clases.

Además, aún no hemos mencionado uno de los principales motores, cuya fuerza puede abrir camino a la nueva doctrina. Se trata del *entusiasmo de los mejores [der Enthusiasmus der Besten]*. Igual que cualquier religión necesitó de una muchedumbre de fieles *enfervorizados* para llegar a erigirse en un poder que dominase a las masas, el sustituto de la religión deberá ser sustentado con entrega entusiasta por una minoría de elegidos capaces de poner en movimiento las naturalezas más limitadas.

Quien considera posible que las naciones modernas —que paulatinamente han ido renegando del cristianismo (y entre las cuales se hallan las mejores que, hasta donde conocemos, han habitado esta tierra)— se vean animadas por una nueva y más perfecta cosmovisión y puedan elevarse a una vida superior, considerará que el problema de encontrar un sustituto de la religión es uno de los más significativos, y de aquellos a los que nunca podrá dedicársele reflexión suficiente.

Desde Comte y Feuerbach, una serie de pensadores y escritores se han apoderado de este incierto problema. Sobre él se han proclamado los conceptos más dispares. Solo pocos pensadores han tenido en cuenta la generalidad; la mayoría solamente pensaron en un sustituto para los intelectuales. Exponer estos intentos de manera concisa, y someterlos a crítica, evitando explicaciones lentas y pesadas, es la tarea que busca resolver este escrito. Advertimos, asimismo, que ninguno de los pensadores y escritores que traeremos a colación en sus páginas ha tratado el problema de manera satisfactoria ni lo ha abordado en todos los sentidos, considerándolo desde todos sus puntos de vista. Sin embargo, en los diversos intentos sí se encuentran expuestos de forma dispersa, aunque destacados con más o menos energía y vivacidad, todos los elementos significativos de un sustituto de la religión. Mas únicamente podrá aceptarse como verdadero y perfecto sustituto de la religión aquel cuerpo doctrinal que sea capaz de unificar todas esas partes dispersas, configurando un todo poderoso mediante una hábil combinación de todas ellas.

Una parte de estos intentos ha partido de presuponer falsamente que el sustituto de la religión debería tener el carácter de una religión ateísta [*atheistischen Religion*]. La relación que ha de asumir el hombre en el sustituto de la religión respecto del conjunto del mundo, por una parte, y respecto del ideal, por otra, es, sin embargo, muy diferente de la que mantiene el creyente hacia su Dios y las leyes que este le dicta; así que, mantener la palabra religión para la nueva relación es completamente inadmisible. Va firmemente unido al punto de vista que debe ser superado que la designación caiga con la cosa misma. Quien quiera llegar a liberarse de verdad y de una vez por todas de la religión sobrenatural debe alejarse instintivamente de la palabra y ha de tratar de erradicarla por completo de su uso lingüístico.

II

A continuación, a fin de ganar un fundamento firme para nuestra crítica de los diferentes sustitutos de la religión, nos proponemos fijar provisionalmente qué necesidades espirituales *justificadas* satisface la religión en sus manifestaciones más elevadas (pues solo de estas puede tratarse aquí) y, partiendo de ellas, trataremos de ver qué necesidades debe satisfacer también el sustituto de la religión, aunque de manera más perfecta.

En sus formas de desarrollo más altas, la religión ofrece, primero, una cosmovisión *[Weltanschuung],* es decir, una interpretación y explicación del mundo en la que el hombre vincula todas las cosas y seres, encabezados por él, con un poder más elevado, un fundamento más profundo del mundo, que lo designa como un ser *limitado;* además, la religión despierta en él la *confianza [Vertrauen]* en la elevada perfección del Todopoderoso y en la meta del proceso del mundo, condicionada y determinada por Él, suscitando en el sujeto, en fin, un *respeto [Ehrfurcht]* ante la potencia suprema del Creador, como algo inaprehensible y absolutamente misterioso. El sustituto de la religión debe dar cuenta, por tanto, de los momentos de *limitación, confianza y respeto [Bedingtheit, Vertrauen, Ehrfurcht],* dándoles, sin embargo, un sustrato de representación con el cual pueda arreglárselas el entendimiento, mientras deja caer la hipótesis indemostrable de un Dios personal. Si, en el cristianismo, el momento de la *confianza* se refiere a un poder divino y a un futuro reino supraterrenal, mientras que el mundo del más acá aparece completamente desvalorizado, el sustituto de la religión habrá de poner, ante todo, su confianza en el fundamento del mundo *[Weltgrund]* —ya lo expliquemos desde el punto de vista realista o lo consideremos desde un punto de vista idealista como inexplicable e inaprehensible—, y luego, también, en el proceso del mundo *[Weltprozeß]* (que se cumple, aunque en una ínfima parte, ante nuestras miradas), toda vez que tal confianza es lícita y está condicionada subjetivamente por el carácter y la estirpe de las mejores naciones modernas, para las cuales ha de ser creado un sustituto superior de la religión: esto es lo que dos pensadores han demostrado en un grado altamente convincente y cuyos correspondientes intentos apreciaremos más adelante.

Pero la religión también interviene, además, configurando la vida, aunque de una manera completamente unilateral, de manera que también aquí el sustituto de la religión debe ofrecer algo más perfecto, llenando la vida con un contenido superior al que fue capaz de ofrecer la religión, y tanto más cuanto dicho sustituto ha de designar la tierra como el único teatro del hombre. En su perspectiva de futuro, el sustituto perfecto de la religión habrá de desterrar los sueños de inmortalidad en los que se ha expresado de la manera más ingenua la vanidad humana, apuntando a posibilidades más sublimes *[erhabene Möglichkeiten]*, que habrán de poderse realizar mediante el desarrollo del género humano.

Con este análisis de la religión y del sustituto de la religión, que apenas podría impugnarse, hemos ganado una norma firme desde la cual podemos ahora medir los diferentes intentos de resolver nuestro problema.

No obstante, es necesario que aún hagamos una advertencia previa: habiendo elevado el momento de la *confianza* en el fundamento originario de las cosas y en el proceso cósmico como componentes necesarios de un sustituto perfecto de la

Intentos modernos de sustituir a la religión

religión hemos caracterizado nuestra posición frente al pesimismo. El sustituto de la religión debe reorientar la confianza, dirigida por el cristianismo de forma sesgada, y superar con ello la concepción pesimista de la realidad propia del cristiano. Debe adecuarse a la esencia más íntima de los pueblos civilizados actuales, si ha de calar firmemente en los espíritus (habiendo sido Dühring quien ha tenido principalmente el mérito de destacar este aspecto). Los mejores pueblos civilizados modernos tienen una cosmovisión enérgica, alegre y optimista, y noblemente configurada, por lo que la cosmovisión del pesimismo no es en absoluto compatible con ellos, y solo puede penetrar en la vida moderna bajo la forma de una enfermedad temporal y pasajera. Por eso, nosotros queremos dejar de lado cualquier eco eventual del anhelo budista de redención desde el cual también podría prepararse un subrogado de la religión, puesto que aquí vamos a ocuparnos tan solo de los intentos *modernos* de sustituir a la religión y, por tanto, de aquellos que, por poco fundados que puedan ser, al menos concuerdan con la tendencia fundamental y la esencia de los pueblos actuales. Igualmente, excluimos de nuestra investigación todas las formas refinadas del teísmo en las que se ha creído algunas veces encontrar un sustituto para la religión, puesto que estas formas parten de representaciones fundamentales, que la consideración moderna y científica del mundo rechaza como indemostrables.

Mientras el cristianismo aún tuvo asiento firme en las masas, el pensamiento de un sustituto de la religión no pudo ganar poder alguno. Por eso, prescindiendo de aquellos sistemas filosóficos que solo pudieron tener el significado de un sustituto de la religión para sus creadores y una pequeña hueste de seguidores, buscaríamos en vano una solución verdaderamente seria de nuestro problema hasta los dos últimos siglos. Solo en nuestro tiempo ha pasado el problema a un primer plano, a medida que la fe ha ido perdiendo cada vez más su autoridad. El pensamiento de que en lugar del cristianismo debía entrar en escena un sustituto purificado de toda superstición apareció primeramente en dos pensadores, uno francés y otro alemán. El pensador alemán Ludwig Feuerbach dirigió golpes virulentos contra el cristianismo, mientras que el pensador francés Auguste Comte lo consideró, desde el principio y en lo principal, como una fase superada del desarrollo de la humanidad; pero ambos concibieron erróneamente ese sustituto como una religión ateísta. Acentuaron esencialmente aquel lado de la religión y del sustituto de la religión que determina la relación del hombre hacia la sociedad. Sin embargo, en Feuerbach, como veremos, aún entra en juego, afortunadamente, otro momento que surge de la posición del ser humano respecto de la naturaleza, mientras que Comte no ha producido nada satisfactorio en este aspecto. Por otra parte, mientras que nos vemos obligados a reconstruir por nosotros mismos la religión del amor de Feuerbach a partir de observaciones dispersas, Comte ha desarrollado su religión de la humanidad hasta en sus más ínfimos detalles, y en una obra extremadamente voluminosa. Por poco que podamos estar de acuerdo con los pensamientos fundamentales de su *Sistème de politique positive*[1], la obra ya es en sí altamente admirable, única en su especie, y el producto de una capacidad constructiva extraordinaria. Sin embargo, este nuevo creador de una religión muchas veces ha tomado el esquema del catolicismo como modelo.

Cuando Comte terminó su *Système de philosophie positive* no estaba satisfecho con los resultados de su obra. Lo que

---

[1] Goeury, C. y Dalmont, V., *Système de politique positive, ou Traité de Sociologie instituant la Religion de l'humanité,* 4 vols., París, 1851-1854. [N. del T.]

Intentos modernos de sustituir a la religión

flotaba en su mente durante su juventud era una reforma de la sociedad, y él tan solo había realizado, en principio, una reforma de la doctrina social, considerando aquella ciencia, de conformidad con su «fórmula enciclopédica», como la corona y cúspide de todas las otras disciplinas. Desde luego, había basado esta reforma en la aplicación del método positivo, que ya se había introducido en las demás ciencias, a la doctrina sociológica, en la cual habían dominado hasta entonces los métodos teológico y metafísico. Sin embargo, Comte se dio cuenta de que existe algo más elevado que el entendimiento y el saber, y de que la verdadera reforma de la sociedad debe darse a través del corazón, esto es, alcanzarse por el sentimiento, por lo que la filosofía debía culminar en la religión. El curso objetivo solo podría ser una preparación de la doctrina subjetiva; de este modo, la unidad, a la que Comte renunció[2] en el ámbito de las ciencias objetivas, creyó poder encontrarla en una religión de la humanidad, es decir, de manera subjetiva.

Sin embargo, se necesitaba una ocasión especial que lo capacitase para convertirse en el reformador de la humanidad que él creía estaba llamado a ser. Conoció a Clotilde de Vaux, quien vivía separada de su criminal esposo, sin poder divorciarse de él, debido a la indisolubilidad del matrimonio que por entonces estaba vigente en Francia, y debido a las eviden-

---

[2] *La filosofía positiva* (traducida por J. H. von Kirchmann), Tomo 1, p. 17: «Habiendo puesto yo la meta de la filosofía positiva en compendiar la totalidad de los conocimientos adquiridos hasta ahora en relación con las diferentes clases de procesos en *una* doctrina de conjunto, estoy, sin embargo, muy alejado de considerar estos procesos como los efectos distintos de un único principio; más bien, tengo por fallidas todas aquellas empresas que quieran deducir desde una única ley todos los procesos, incluso cuando tales intentos hayan sido emprendidos por los espíritus más afamados. El espíritu humano podría ser demasiado débil y el universo demasiado complejo como para que nosotros nunca pudiéramos alcanzar tal perfección del saber».

tes ventajas del espíritu y el corazón de esta mujer concibió una ciega inclinación personal por ella. Su unión duró un año de feliz, recíproco y siempre puro amor, hasta que la muerte se llevó a Clotilde a la tumba. Sin embargo, en Comte quedó para siempre un inspirado recuerdo de ella, que le llevó a no dejar de celebrar nunca su figura, a orarla y a invocar la ayuda de Clotilde, alabándola como la promotora de aquella transformación interna que habría de capacitarlo para cumplir su labor de reforma social[3].

[3] *Système de politique positive,* Prefacio, p. 7: «Fatigado por un inmenso decurso objetivo, mi espíritu no bastaba para regenerar subjetivamente mi fuerza sistemática, cuyo principal destino había por entonces llegado a ser, como en mis comienzos, más social que intelectual. Este renacimiento indispensable, que debía emanar del corazón, me fue procurado hace seis años por el ángel incomparable que se encargó de transmitirme dignamente el conjunto de los destinos humanos y el resultado general del perfeccionamiento de nuestra naturaleza moral».
Prefacio, p. 9: «La excelencia intelectual y moral de esta naturaleza admirable no puede, sin embargo, valorarse lo suficiente más que apreciando su reacción eterna sobre mi gran misión. Todos aquellos que han juzgado seriamente los recientes progresos del positivismo ya comprenden, por una comparación decisiva, cuánto facilitó este impulso espontáneo el pleno surgimiento de mi verdadero carácter filosófico, la entera sistematización de la existencia humana, según la preponderancia del corazón sobre el espíritu. Mis nuevos servicios solo pueden lograr que su querido nombre llegue a ser inseparable del mío, en los más lejanos recuerdos de la humanidad reconocida. El dulce deber que Dante cumplió admirablemente hacia su Beatrice lo cumplo yo de mejor grado, pues en mí procede de obligaciones superiores».
Dedicatoria, p. IX: «Lo que me autoriza a reclamar aquí dignamente la atención pública para este deber sagrado es que yo no veía en ella solamente a mi noble compañera y a mi preciosa consejera, sino también a mi eminente colega en la inmensa regeneración reservada a nuestro siglo».

Intentos modernos de sustituir a la religión

La *Politique positive* está dedicada a su recuerdo; y en las palabras que se dirigen a ella hay algo del espíritu que nos habla desde la *Vita nuova* de Dante[4] y el *Epipsychidion* de Shelley[5]. Como puede ver el lector, a partir de las citas que transcribimos en las notas, el sentimiento que embargaba a nuestro filósofo no era en absoluto mezquino, e incluso llegó a ser en él algo casi enfermizo, en lo que se refiere a la elaboración de su nueva religión. Nunca hubo un espíritu que se sintiese más llamado a una misión superior, ni nunca se sintió nadie más justificado para emitir una palabra última y decisiva sobre todas las grandes cuestiones que Comte. Revistiéndose con la dignidad de un sumo sacerdote, enseguida llegó a convertirse en un pontífice capaz de someterlo todo, llegando a imaginarse que era infalible.

Lo cierto es que, aparentemente, nadie podía entender mejor a la humanidad que Comte. La suerte que tuvo de poder disfrutar a lo largo de un año de su amor por Clotilde de Vaux afianzó en él, desde muy pronto, la rotunda convicción de que en el altruismo —*vivre pour autrui*[6]— radica la perfecta garantía para el bien general, por lo que este lema debía alzarse al grado del principio vital más elevado. Solo el amor al hombre podría redimir a la humanidad, llegando a ser el *primum mobile* de la vida al que han de subordinarse todos los demás impulsos. Una religión de la humanidad debe sustituir a la religión sobrenatural.

---

[4] Primera obra conocida de Dante Alighieri, escrita entre 1292 y 1293, poco después de la muerte de su amada Beatriz. *[N. del T.]*
[5] Percy Bysshe Shelley (1792-1822) compuso el extenso poema *Epipsychidion* («Canto del alma», o «Un alma nacida del alma») en 1821, tratando en él el concepto de la poesía y el objeto principal de esta: el amor. *[N. del T.]*
[6] «Vivir para el prójimo». *[N. del T.]*

Comte ve la esencia de la religión, por una parte, en la instrucción del individuo particular, y por otra, en la armonía entre los individuos[7]. Ahora bien, esta armonía se realiza, en el fondo, porque nosotros alcanzamos el conocimiento de un orden del universo, en lo esencial inmutable, y unas leyes naturales invariables a las que humildemente nos tenemos que amoldar[8]. Por eso, el segundo miembro de la fórmula, que Comte sitúa en la cúspide de su *Politique positive* reza: *L'ordre pour base*[9]. Así, en el culto de la nueva religión, el dogma del *ordre pour base* se corresponde con el principio de *vivre pour autrui*. El dogma positivo no es una cosa fácil en absoluto, pues le exige al adepto de la nueva religión nada menos que el dominio de todas las ciencias de la «fórmula enciclopédica», es decir, matemáticas, astronomía, física, química, biología y sociología. En cualquier caso, plantea, por tanto, exigencias demasiado grandes al entendimiento del hombre común.

---

[7] *Politique positive*, I, p. 9. «Este estado sintético consiste, pues, tanto en regular cada existencia personal como en reunir las diversas individualidades» (2.ª edición, 1874, p. 42); *Politique positive*, II, p. 8. «Ante todo, debo designar aquí la vaguedad e incertidumbre que todavía presenta la significación general de la palabra *"religión"*. Casi siempre, los mejores espíritus confunden aquí el fin esencial con los medios temporales. En este tratado, la religión siempre será caracterizada por el estado de plena armonía, propio de la existencia humana, tanto colectiva como individual, cuando todas sus partes, cualesquiera que sean, están dignamente coordinadas».

[8] *Politique positive*, II, p. 12. «Para regularnos y reunirnos la religión debe, ante todo, subordinarnos a una potencia exterior cuya irresistible supremacía no deje en nosotros incertidumbre alguna. Este gran dogma sociológico no es más que el desarrollo de la noción fundamental, elaborada por la verdadera biología, de la necesaria subordinación del organismo al medio».

[9] «El orden como base». *[N. del T.]*

Intentos modernos de sustituir a la religión

El orden del universo, invariable en lo esencial, presenta, sin embargo, un progreso, porque el hombre, mediante el conocimiento de las leyes naturales, es conducido, por una parte, a resignarse, y por otra, a la acción. Por eso, el tercer miembro de la fórmula de la religión de Comte reza: *Le progres pour bout*[10]. Es esta proposición la que apunta a la acción práctica y a la política.

La nueva religión da, por tanto, al pensar, al sentir y al actuar una dirección, detalle que Comte designa como uno de los principales rasgos de las primeras religiones[11], que las más recientes tienen demasiado poco en cuenta a la hora de actuar. Vemos, por lo dicho, que Comte capta la relación del hombre respecto de la totalidad del mundo de una forma demasiado extrínseca: pone al hombre como algo extraño frente a la naturaleza, de manera que no se le deja tener ningún sentimiento profundo ligado a su relación con ella. Más tarde hablaremos de esta gran carencia del sistema religioso de Comte, pero previamente vamos a considerar más de cerca su doctrina del altruismo, así como las consecuencias que se derivan de ella para las diferentes esferas de la vida y del pensamiento.

Del altruismo, que Comte sitúa en el punto central de la nueva doctrina, debe seguirse la regeneración de la humanidad, y a través de él debe fundarse el reino de la armonía universal. La nueva religión ha de alimentar al máximo el sentimiento social y reprimir todo lo que se pueda el sentimiento

---

[10] «El progreso como meta». *[N. del T.]*
[11] *Politique positive*, II, p. 7. «Primero espontánea, luego inspirada y enseguida revelada, la religión deviene, en fin, demostrada. La constitución normal debe satisfacer, a la vez, el sentimiento, la inspiración y el razonamiento, fuentes respectivas de esos tres modos preparatorios. Por otro lado, ella abarcará directamente la actividad, que jamás podría consagrar suficientemente el fetichismo ni, incluso, el politeísmo ni, sobre todo, el monoteísmo».

personal. El egoísmo, como concede el propio Comte, no puede eliminarse completamente de la naturaleza humana, pero sí puede reducirse al mero impulso de supervivencia, que, por su parte, constituye el fundamento de todo desarrollo superior. Parece cierto que tal subordinación del egoísmo al altruismo, y semejante victoria de este sobre aquel, no se encuentra en el ámbito de lo posible. Sin embargo, el filósofo hace valer la pretensión de que, en primer lugar, mediante una feliz disposición de la naturaleza de la competencia, también los hombres se aproximarán y unirán, y, en segundo lugar, apunta la reflexión de que el examen de las condiciones del bienestar social podría influir en los hombres y actuar al servicio de los mismos. Y es este el punto donde el altruismo de Comte se separa del amor de Feuerbach. Mientras que Feuerbach apela a la benevolencia y al amor natural del hombre, que fluye libremente desde el corazón, Comte llama en su auxilio a la reflexión para que colabore en la superación del egoísmo. También Comte presupone el bienestar natural, pero según su punto de vista requiere del apoyo del entendimiento[12], cuyo mérito más alto consiste, de nuevo, en esta colaboración, pues el corazón y el sentimiento se imponen en la nueva doctrina sobre el intelecto. Como el entendimiento ha de prestar ayuda al corazón contra el egoísmo, también debe subordinarse al corazón. Si fue saludable que el entendimiento adquiriese un

---

[12] *Politique positive,* I, p. 16. «Su ascendiente espontáneo puede verse perfectamente secundado por la inteligencia cuando ella se amplía a consolidar la sociabilidad, apreciando mejor las verdaderas relaciones naturales y contribuyendo a desarrollarlas, aclarando su ejercicio con la ayuda de las indicaciones del pasado sobre el porvenir. En este noble servicio la nueva filosofía hace consistir el principal destino del espíritu, el cual también ofrece, a la vez, una incomparable consagración y un campo mucho más propio para satisfacerla profundamente que sus vanos triunfos académicos y sus pueriles investigaciones actuales».

carácter dominante para que las ciencias pudiesen alcanzar su actual altura, con esto se hizo lo más importante a este respecto, y ahora ha de ponerse fin a la supremacía del entendimiento, que se da desde la Edad Media, asumiendo el corazón, en lo sucesivo, la dirección de la humanidad. Comte señala la diferencia entre su primer y su segundo período filosófico, en lo que se refiere a la relación ente corazón y espíritu, en la dedicatoria de su *Politique positive* con las siguientes palabras: «Después de haber consagrado la primera mitad de mi vida pública a desarrollar el corazón por el espíritu, me percaté de que su segunda mitad debía dedicarse, sobre todo, a esclarecer el espíritu por el corazón, sin cuyas inspiraciones las grandes nociones sociales no pueden adquirir su verdadero carácter»[13]. Si, según esto, el espíritu no está destinado a dominar, sino a servir, porque él, como dominante, ayuda al individuo y no a la generalidad, entonces él es, precisamente, tan solo, «el servidor y no el esclavo» del corazón.

Con esta posición del «corazón», la ciencia y la especulación deben subordinarse necesariamente a la moral. El punto de vista que ha de dirigir todas las investigaciones en el futuro ha de ser el bien general. Un estudio que no promueva este bien es una cavilación inútil, y solo puede conducir a desviarse del buen camino. El corazón debe plantear las tareas, y el entendimiento resolverlas, pero no debe plantear tareas él mismo. El bien común: este es el punto de vista desde el cual debe considerarse todo obrar humano. Pero Comte va más lejos, pues él mide la justificación de la existencia de los animales y plantas solamente según su provecho para el hombre,

---

[13] *Politique positive*, I, p. VII; I, p. 16: «El espíritu no está destinado a reinar, sino a servir; cuando cree que domina se pone al servicio de la personalidad en lugar de secundar la sociabilidad, sin que pueda en absoluto dispensarse de asistir a una pasión cualquiera».

y llega a la conclusión de que todos los animales y plantas que no cumplan este fin han de ser eliminados.

En el positivismo, el arte tiene un significado más grande que la ciencia, puesto que se dirige al sentimiento. A pesar de ello no se le concede ninguna posición directiva, y se restringe toda su efectividad práctica al círculo político. Si los filósofos no tienen ningún poder político, aún menos los artistas[14]. La exigencia de Comte de que todo arte debe seguir una tendencia moral, no es algo que pueda sorprender en él. Pero dado que el fin propio del arte solo puede concebirse en la era positivista, entonces solo cabe esperar que su más alto florecimiento se produzca en el futuro. Solo entonces conocerá el arte su precisa tarea, y habrá de suponérsele un carácter más suave, que prestará expresión, principalmente, a las sensaciones más dulces y benevolentes, que son mucho más estéticas que las del odio[15]. Asimismo, solo entonces podrá desplegarse libremente el arte,

[14] «El estado normal de la naturaleza humana subordina la imaginación a la razón, y esta al sentimiento. Toda inversión prolongada de este orden fundamental resulta igualmente funesta para el corazón y para el espíritu. El pretendido reino de la imaginación llegaría a ser aún más corrupto que el de la razón si no fuese aún compatible con las condiciones reales de la humanidad. Pero, aunque quimérico, su sola prosecución hace tambalearse la existencia privada, haciendo que una exaltación fáctica y muy a menudo engañosa sustituya emociones espontáneas y profundas. Con más razón, pues, esta viciosa preponderancia de la imaginación debe alterar la vida pública cuando ninguna barrera social contiene ya las ambiciones estéticas».

[15] *Politique positive,* I, p. 300: «Haciendo consistir la principal satisfacción de cada uno en cooperar en el bienestar del otro, el positivismo llama al arte a su mejor destino: el cultivo de los sentimientos de benevolencia, mucho más estéticos que los instintos de odio y de opresión, que son los únicos cantados hasta entonces. Llegando a ser este cultivo nuestro principal objetivo, la poesía se encuentra directamente incorporada al conjunto del régimen definitivo y adquiere así una dignidad anteriormente imposible».

Intentos modernos de sustituir a la religión

según la concepción de Comte, puesto que únicamente en ese momento, con una mirada carente de prejuicios, se considerarán las diferentes épocas y manifestaciones históricas[16]. Un pensamiento muy concreto de Comte es que las actividades artística y especulativa no necesitan separarse en absoluto, sino que pueden unirse en la misma persona.

Al poner Comte el bien de la humanidad como fin y meta de toda actividad, no puede sorprender en absoluto que llegue a sublimar dicha humanidad en lo que llama el *Grand-Être*, o *Être-Suprême*[17]. En el *Être-Suprême* desaparece el individuo, que solo existe, propiamente, en la cabeza del metafísico[18]. Solo este tiene valor y significado, no en sí, sino como parte del todo[19]. Pero el *Être-Suprême* no abarca, empero, a todo el séquito de los hombres, sino solamente a los miembros útiles de la sociedad y, ciertamente, a los pasados, presentes y futu-

---

[16] *Politique positive*, I, p. 308: «La nueva carrera que el positivismo debe ofrecer al genio estético le abre el acervo familiar del pasado e incluso del porvenir. Este dominio inmenso no podría dejarse a la poesía más que cuando la filosofía primeramente hubiera abarcado el conjunto. Ahora bien, el espíritu absoluto de la teología y de la metafísica impedía hasta aquí comprender las diversas fases sociales y sobre todo idealizarlas dignamente. Al contrario, el positivismo, siempre relativo, y principalmente caracterizado por una teoría histórica, hará familiar la íntima contemplación de todos los modos propios de manifestarse la existencia humana. Un monoteísmo sincero no sería capaz de comprender bien y pintar con éxito las costumbres politeístas y fetichistas. El poeta positivista, habituado a la filiación de todos los estados anteriores, puede identificarse con cualquier edad hasta el punto de despertar nuestras simpatías por una fase de la cual cada uno de nosotros debe encontrar el equivalente espontáneo en sí mismo».

[17] El «Gran Ser», el «Ser Supremo». *[N. del T.]*

[18] *Politique positive*, I, p. 334: «[…] porque el hombre, propiamente dicho, no existe más que en el cerebro, demasiado abstracto, de nuestros metafísicos».

[19] *Ibid.*, p. 363.

ros[20]. También quiere incorporar Comte al *Grand-Être* a los animales domésticos útiles. Con esto, dicho ser se diferencia favorablemente del viejo Dios porque no es una esencia absoluta, sino un ente susceptible de desarrollo, a cuyo crecimiento y perfeccionamiento podemos contribuir[21], al tiempo que nos perfeccionamos nosotros mismos[22]. En este comportamiento respecto del *Grand-Être* se encuentra, también, un sustituto para la fantástica ilusión de la inmortalidad personal. La existencia humana es, en parte, una existencia objetiva, real y, en parte, una existencia subjetiva. No obstante, en esta última solo ingresan aquellos cuya existencia objetiva ha estado al servicio del *Grand-Être*.

Junto a los filósofos, el positivismo encuentra un apoyo fundamental en los proletarios, que no están cegados por falsas especulaciones metafísicas y poseen un intenso sentimiento social[23].

[20] *Ibid.*, IV, p. 30: «Este Gran-Ser es el conjunto de seres pasados, futuros y presentes que concurren libremente a perfeccionar el orden universal».
[21] *Ibid.*, I, p. 335: «Nuestro Gran-Ser no es inmóvil ni absoluto; la naturaleza relativa lo hace eminentemente desarrollable; en una palabra, es el más rico de los seres conocidos».
[22] *Ibid.*, p. 33: «Este culto continuo de la humanidad exaltará y depurará todos nuestros sentimientos; engrandecerá y esclarecerá todos nuestros pensamientos; ennoblecerá y consolidará todos nuestros actos».
[23] *Ibid.*, p. 129: «[…] el positivismo no puede obtener profundas adhesiones colectivas más que en el seno de clases que, ajenas a toda instrucción viciosa de las palabras o de las entidades, y animadas naturalmente de una activa sociabilidad, constituyen en adelante los mejores apoyos del buen sentido y de la moral. En pocas palabras, nuestros proletarios son los únicos susceptibles de llegar a ser los auxiliares decisivos de los nuevos filósofos. El impulso regenerador depende, sobre todo, de una íntima alianza de estos dos elementos extremos del orden final».

Intentos modernos de sustituir a la religión

En la nueva doctrina las mujeres asumen una posición completamente especial. Como *sexe affectif*[24], ellas son las más altas representantes del principio más elevado de la nueva religión, y juegan un gran papel en el proceso de regeneración: solo en la medida en que las mujeres sean incluidas en el movimiento, este puede llegar a su fin. A través de su exaltado amor por una mujer, Comte llegó a un culto dedicado a todo el género femenino. Exige que cada hombre vea en su mujer una representante de la humanidad, a fin de prepararse, mediante el culto a su compañera, para el culto a la humanidad. Dice que, hasta ahora, las mujeres solo llegaron a ser honradas verdaderamente en la Edad Media. La Nueva Era debe basarse en costumbres republicanas, sustentadas sobre sentimientos «caballerescos». Y aunque nuestro filósofo pone al *sexe affectif* por las nubes, quiere reducirlo, sin embargo, al ámbito doméstico, al considerar que en todas las actividades que requieren fuerza, tanto espiritual como de carácter, se encuentra por detrás del género masculino. Por eso solo se les concede a las mujeres una influencia en el ámbito público indirectamente, es decir, a través de los hombres. No pudiendo, por consiguiente, alcanzar una actividad pública, o pudiendo alcanzarla solo en casos excepcionales, que Comte admite, solo se les asegura una existencia subjetiva si ganan influencia sobre sus hombres y los educan como dignos servidores del *Grand-Être*. Pues esta es su principal tarea, junto con la educación de los niños, siendo ambos sus cometidos más destacados y sagrados. Las mujeres deben ser completamente excluidas de la búsqueda de ganancias: *l'homme doit nourrir la femme*[25]. El pensador francés se traiciona a sí mismo cuando circunscribe el papel significativo de la mujer al «salón positivista».

[24] «Sexo emocional». *[N. del T.]*
[25] «El hombre debe mantener a la mujer». *[N. del T.]*

Comte detalla minuciosamente el culto de la nueva religión. Solo destacaremos algunos de sus elementos. Se divide en culto privado y público. Su medio lo constituye, como en las religiones sobrenaturales, la oración, que aquí, sin embargo, no debe servir para mover al bien a una potencia superior o para agradecerle por lo que se ha recibido, sino para expresar sentimientos de simpatía, de amor o de reverencia en forma noble, en pro de personas dignas[26]. El culto privado no debe emplear menos de dos horas al día, de las que a la oración matutina solo le corresponde una hora. A la misma le sigue una oración al mediodía, como punto de reposo y de recogimiento, en medio de los negocios, y una antes de irse a dormir. El hombre dirige su oración de la mañana a la madre, la del mediodía a la esposa, y la de la tarde a la hija, como representantes del pasado, del presente y del futuro, mientras que la mujer, por su parte, ora igualmente a la madre y luego al esposo y al hijo; si falta alguna de estas personas la sustituye otra que sea digna. La nueva religión contiene, además, nueve sacramentos. Son los siguientes: *la presentation, la destination, l'initiation, l'admission, la maturité, la retraite, la transformation, l'incorporation*[27]. El primer sacra-

[26] La oración se divide en dos partes: la conmemoración y la efusión. Cf. *Cathecisme positiviste* [1852], p. 95 [Comte, A. *Catecismo positivista*, ed. de A. Bilbao, Ed. Nacional, Madrid, 1982, p. 169]: «Cuando una feliz combinación de signos y de imágenes haya reanimado suficientemente nuestros sentimientos respecto del ser adorado, lo divulgaremos con verdadero fervor, que tenderá a aumentarlos aún más y, en consecuencia, a acercarnos más a la evocación final».

[27] «Presentación, destino, iniciación, admisión, madurez, retiro, transformación, incorporación». En el texto original, quizá por un error, Druskowitz solo enumera ocho sacramentos de los nueve que distingue Comte; la lista completa y correcta es la siguiente: «presentación, iniciación, admisión, dedicación, matrimonio, madurez, retiro, transformación e incorporación» [cf. Comte, A., *Catecismo positivista, op. cit.*, p. 183]. [N. del T.]

Intentos modernos de sustituir a la religión

mento significa que la familia presenta al nuevo ciudadano del mundo al sacerdote; el segundo supone la primera entrada del futuro servidor de la humanidad en la vida pública, cuando se le traslada de las manos de su madre, con catorce años, a la escuela de los sacerdotes, para seguir un curso de siete años destinado a estudiar el dogma positivista; a través del tercer sacramento el joven ciudadano del mundo recibe autorización para servir a la humanidad, sin la determinación de su esfera profesional propia; solo la entrada en esta última designa el cuarto sacramento, el cual se suprime para las mujeres, ya que estas tienen como único cometido, según Comte, llegar a ser esposas y madres. Sin embargo, el hombre únicamente puede fundar su propia familia tras recibir el cuarto sacramento. El matrimonio es, para Comte, una institución especialmente sagrada. Es indisoluble, salvo en aquellos casos en los que una de las partes se ha hecho culpable de un acto criminal. Por término medio, la familia consta de 7 personas: el hombre y la mujer, la *couple fondamental*[28], los padres del hombre y tres niños. Vemos cómo nuestro filósofo se ocupa de delimitarlo todo con gran exactitud.

— El sexto sacramento designa la entrada en esa edad en la que ningún ciudadano puede eludir sus deberes frente a la humanidad ni debe temer «*vivre au grand jour*»[29]; el séptimo sacramento designa un razonable retiro de la vida pública y la elección del sucesor; el octavo significa que el sacerdote expone y prueba que el muerto ha vivido de una manera digna, uniendo el lamento de la sociedad a las lágrimas de los parientes; el noveno entra en vigor siete años después de la muerte y designa el juicio por el que se decide si un hombre es digno de ser asumido en el *Gran-Être*.

[28] «Pareja fundamental». *[N. del T.]*
[29] «Vivir a plena luz del día». *[N. del T.]*

El culto público se cumple anualmente en 84 fiestas, que son celebradas en los templos por sacerdotes, alrededor de los cuales se agrupan las mujeres. Los templos apuntan con su fachada principal hacia París, y en ellos se encuentra el *bois sacré*[30], en donde reposan los dignos servidores del *Grand-Être*, mientras que los delincuentes, los duelistas y los suicidas son enterrados fuera de él.

La nueva religión posee un clero numeroso y estrictamente organizado, con un *Grand-Prêtre* en su cúspide (que, evidentemente, tiene su sede en París), pues *«aucune société ne peut se conserver et se développer sans un sacerdoce quelconque»*[31], como supone nuestro filósofo. Los sacerdotes han de ser, en cualquier sentido, hombres perfectos. No juegan ningún papel político, pero tampoco les hace falta para tener gran poder. Son los educadores de la juventud; en sus manos radica el cultivo de las artes y las ciencias, y su intuición espiritual en el área positivista va tan lejos que el sacerdote supremo determina qué temas científicos han de ser sometidos a elaboración. Desde el punto de vista político, las poblaciones de los países positivistas —que Comte imagina con dimensiones limitadas— se dividen en empresarios y trabajadores. La relación entre estas dos clases, empero, debe ser muy diferente de la que existe efectivamente, ya que se basa en la proposición: *«dévouement des forts aux faibles, vénération des faibles pour les forts»*[32]. La posición de privilegio de la que gozan los patricios está ligada a deberes mucho más pesados que los proletarios, cuya posición mejora esencialmente en comparación con

---

[30] «Bosque sagrado». *[N. del T.]*
[31] «Ninguna sociedad puede conservarse ni desarrollarse sin algún tipo de sacerdocio». *[N. del T.]*
[32] «Dedicación de los fuertes a los débiles, veneración de los débiles hacia los fuertes». *[N. del T.]*

Intentos modernos de sustituir a la religión

la actual. En Comte, la élite política de cada país está formada por los tres banqueros más ricos, en cuyas manos se encuentra el poder más elevado del mundo, siendo ellos mismos los que han de elegir a sus sucesores.

Así pues, en la cúspide de cada país tendríamos tres poderosos banqueros completamente al margen de cualquier control, y sobre todos ellos un Sacerdote Supremo, que se permite dominar sobre todas las inteligencias —¡qué tiranía más refinada!—. Con razón, A. F. Lange sentencia las inclinaciones jerárquicas de Comte cuando dice: «Las leyes psicológicas que ponen toda jerarquía, todo clero por encima del pueblo, ávido de poder y celoso del mantenimiento de su autoridad, ¿no tienen su fundamento en la naturaleza humana, no son inmutables e independientes de los dogmas? Y de hecho volvemos a encontrar esta consecuencia inevitable no solo en las grandes formas típicas de la jerarquía tibetana de la Edad Media y del antiguo Egipto, sino, según los más recientes documentos de la etnografía, en los más pequeños grupos religiosos de los pueblos más alejados, en las tribus negras más embrutecidas y en las pequeñas islas del océano Pacífico»[33].

El sistema de religión de Comte adolece, sin embargo, de errores aún más profundos que la jerarquía, un sistema político violento e injerencias en la vida anímica individual, como sucede con las normas que prescriben la oración.

Sobre todo, resulta insatisfactoria, como hemos indicado más arriba, la posición en la que se sitúa al ser humano respecto de la naturaleza. Esta última es concebida, en consonancia

---

[33] *Geschichte des Materialismus und Kritik seiner Bedeutung in der Gegenwart*, 1866, 2.ª ed., II, p. 507. [Lange, F. A., *Historia del materialismo*, trad. de Vicente Colorado, Daniel Jorro Editor, Madrid, 1903, Tomo 2, p. 538, en www.filosofía.org/mat/hdm/lange215.htm]

con los primeros presupuestos de la filosofía de Comte, meramente como un mecanismo que se somete al ser humano sin resistencia, o al cual él puede, en cierto grado, dominar y modificar. Para el hombre no significa más que limitación o medio; Comte sitúa al ser humano, por consiguiente, en una posición puramente extrínseca frente a la naturaleza, en vez de vincularlo con ella y concebirla como su fundamento, como la madre que lo da a luz; y con unas relaciones así concebidas parece evidente que a todas sus relaciones han de faltarles calidez y profundidad[34]. Solo en Feuerbach se encuentra determinado de una manera satisfactoria el momento del condicionamiento por la naturaleza, y con ello gana un punto de conexión para las aspiraciones humanas.

Mucho más inadmisible aún es la relación del individuo respecto de la sociedad o la humanidad, tal como la piensa Comte. Un altruismo extensivo, como lo desea nuestro filósofo, supondría la disolución del individuo y conduciría a un estado que sería, en su género, casi tan insoportable como un estado general de querella o guerra. Nadie tendría privacidad, nadie seguiría su propio camino ni podría perseguir sus propias metas, y una terrible monotonía se asentaría sobre la vida. Herbert Spencer, con su cuidadosa manera de juzgar, ha descrito los absurdos a los que conduciría un altruismo llevado demasiado lejos[35].

---

[34] Es cierto que en la «Synthèse subjective» de la última obra de Comte, se piensa de otra manera la conexión entre el hombre y la naturaleza. Aquí los cuerpos celestes aparecen dotados de sensación, cooperando el universo en la promoción del hombre. Sin embargo, esta concepción está tan lejos de una interpretación racional como la pura contraposición externa del hombre y la naturaleza que aparece en la *Politique positive*.
[35] *Principles of Ethics, Vol. I. Part I. The Data of Ethics* [*Hechos de la ética*] (trad. alemana de B. Better, Stuttgart, 1879, pp. 204 y ss.).

Intentos modernos de sustituir a la religión

El *Grand-Être* de Comte es un espantajo vampírico, aún peor que el viejo Dios. Atrapa al hombre por entero; le exige los sacrificios más extremados, y el individuo, en general, no existe frente a él.

Aunque Comte asegura que el florecimiento del arte se producirá solamente en la era de la nueva religión, nos tememos que, al contrario, será entonces cuando el arte lo tendrá difícil para prosperar. Ni al arte ni a la ciencia se les puede atribuir otro fin que el que corresponde a su concepto. Si de las creaciones del arte y de los descubrimientos de la ciencia aún se desprende algo provechoso para la humanidad, tanto mejor; pero esos beneficios no pueden buscarse por principio. Mientras haya auténticos artistas e investigadores, serán el amor al arte y a la ciencia, respectivamente, las fuerzas que los impulsen, y la atención al bienestar de la humanidad solo podrá hacerse valer en segundo término.

Observemos algo más de cerca el *Grand-Être* de Comte, al que el individuo particular ha de entregarse: ¿puede dicho ser plantearse, realmente, como una idea más elevada a la que debe sacrificarse el individuo con todas sus fuerzas? Desde luego, suena muy bien lo que dice J. Stuart Mill, en relación con la idea de la humanidad de Comte[36]: «La significación que puede ganar la idea del bienestar del hombre, en general, tanto para el ánimo como para la vida práctica del hombre, le ha llegado a ser claro ya a muchos; sin embargo, no sabíamos que alguien hubiese captado antes de Comte esta idea en toda la mayestática sublimidad de la que ella es capaz. Asciende de la insondable oscuridad del pasado, abarca el presente, muy dividido, y asciende a las inescrutables lejanías del futuro. Puesto que ella tiene que vérselas con una existencia conjunta, que

---

[36] *Auguste Comte and Positivism* [*Auguste Comte y el positivismo*] (trad. alemana y ed. de Th. Gomperz, Tomo IX, 1, pp. 96 y ss.).

no tiene ningún inicio ni fin demostrable, la cuerda sentimental de lo infinito descansa en nosotros, enraíza profundamente en la naturaleza humana, y parece configurar un indispensable elemento de la grandeza de todas nuestras representaciones más sublimes. A la parte que nosotros conocemos mejor de la trama enorme de la vida humana que se va sin volver, no podemos ya servirla, pero sí amarla. Para la mayoría de nosotros esa parte abarca el amplísimo número de aquellos que nos han amado y se han mostrado benevolentes con nosotros, y también la larga serie de aquellos que, a través de sus esfuerzos y sacrificios dedicados a la humanidad, han heredado el derecho a un recuerdo agradecido e inextinguible. El pensamiento de los espíritus más elevados, como Comte advierte con razón, hoy en día incluso vive mucho más próximo a los muertos que a los vivos, y emparentado con aquellos seres humanos del futuro, a los que nunca les será permitido ver. Cuando estimamos a aquellos que han servido a la humanidad en el pasado, sentimos también, en correspondencia, que honramos a esos benefactores sirviendo a los mismos fines a los que estuvo dedicada su vida. Y cuando nuestro pensamiento nos ha mostrado, de la mano de la historia, cuán íntimamente vinculada está cada época de la historia de la humanidad con cualquier otra, y cuando aprendemos a considerar el destino del género humano como el curso de un gran drama o la acción de una epopeya ampliamente extendida, entonces todas las generaciones se mezclan indisolublemente en una única imagen y todo el poder que ejerce la idea del mundo sobre el espíritu se une con nuestro mejor sentimiento por el mundo que nos rodea y en pro de los precursores que nos han hecho lo que somos».

No obstante, hay mucho de incorrecto en estas frases cuando se consideran más detenidamente. Considerar el bien de la humanidad como el objeto de la tendencia más elevada del individuo significa plantear la humanidad como el objeto de reverencia más alto. Pero esto es inadmisible por el simple motivo de que puede pensarse algo superior a la humanidad. Lo más elevado que hay para el hombre solo puede ser, siempre, el ideal del bien, lo bello y lo verdadero, unido a la plena conciencia de que ninguna magnitud lo fija y que ese mismo ideal avanza con los progresos de la humanidad. Pero quien solo atiende al bien de su prójimo no puede plantear las más elevadas y estrictas exigencias, ni a sí mismo ni a los demás. Incluso se puede decir, a la inversa, que lo primero debe ser el amor al ideal, y solo en segundo lugar el amor al hombre. Quien, por ejemplo, quiere inspirar a los hombres para ponerlos a favor de una gran verdad, si es realmente un hombre heroico, también anunciará, entonces, su convicción en alta voz, dando por supuesto que verá a la humanidad dividirse en dos partidos que lucharán ardientemente entre sí. No constituye ningún punto de vista superior considerar las manifestaciones superiores del espíritu humano solo como medios para evocar estados sentimentales en el hombre. ¿No debería ser más correcta y grande la concepción contraria, a saber, aquella según la cual la naturaleza utiliza al hombre como principal medio, para hacer posibles aquellas manifestaciones más elevadas? En todo caso, no parece tener éxito la naturaleza en lo que se refiere a la felicidad del hombre, sino que, más bien, tiende a crear por medio de él un orden ideal (moral), a alcanzar mayor claridad sobre sí misma (investigación) y a perfeccionarse por medio del espíritu humano (arte). Sin embargo, quizá ella fue capaz de producir efectos más elevados en otros cuerpos celestes, mediante seres superiores, y quizás el hombre mismo se deje trasladar a un orden superior.

Por consiguiente, en ningún caso cabe concebir la humanidad como *Être-Suprême* ni puede plantearse el bien de la humanidad como la meta más elevada hacia la que ha de tender el individuo.

Y con esto hemos apuntado la carencia fundamental del sistema religioso de Comte: dicho sistema apenas se corresponde en dirección alguna con la idea de un perfecto sustituto de la religión. Sin embargo, el *Système de politique positive,* aunque también fallido, es, sin embargo, una obra altamente admirable que no niega, de ningún modo, el genio de su creador.

III

Como ya se desprende de las citas ofrecidas anteriormente, también J. Stuart Mill plantea una religión de la humanidad como el sustituto adecuado de la religión sobrenatural. Asimismo, pueden aportarse testimonios a favor de esta concepción suya partiendo de su ensayo *La utilidad de la religión* (traducido al alemán por Lehmann).

En repetidas ocasiones Mill ha intentado analizar el concepto de religión. Así, leemos en su obra sobre Comte[37]: «Debe de haber una fe o convicción cuya autoridad se extienda sobre toda la vida humana; una proposición o una serie de proposiciones de la fe, en relación con el deber y el destino del hombre, a las cuales deberían subordinarse todas las acciones del creyente, tal como este las reconoce en su interior; y además debe haber un sentimiento que esté ligado a dicha fe o que pueda apelar a ella, y que sea suficientemente fuerte como para prestar a la misma aquella autoridad efectiva sobre las acciones de los hombres que pretende en la teoría». Mill advierte, asimismo, en el ensayo citado, *La utilidad de la religión*[38]:

---

[37] P. 95 (edición alemana).
[38] P. 92 [Stuart Mill, J., *Estudios sobre la religión,* trad. de Luis de Terán, *La España moderna,* Madrid, s. f., pp. 94-95].

Intentos modernos de sustituir a la religión

La esencia de la religión consiste en imprimir una dirección fuerte y seria de las emociones y de los deseos hacia un objeto ideal reconocido como la más alta perfección y como elevándose legítimamente por encima de todos los objetos egoístas del deseo. La religión de la humanidad llena esta condición en un grado tan eminente y en un sentido tan elevado como las religiones sobrenaturales hasta en sus más nobles manifestaciones, y en grado mucho más elevado que en ninguna de las otras.

Quien lea este concepto de la esencia de la religión entenderá por qué Mill no llegó más allá de Comte en lo que se refiere a la cuestión de un sustituto superior de la religión sobrenatural. Sin embargo, el pensador inglés ha corregido al francés en algunos puntos. Así, Mill, en relación con el altruismo demasiado exagerado de Comte, dice, muy atinadamente: «Comte ha *malentendido por completo*, así lo pensamos, la tarea propiamente dicha de una *regla vital*. Cayó en aquel error que frecuentemente se le reprocha, aunque injustamente, a la clase entera de los utilitaristas: y es que él quiso que la *piedra de toque de la conducta sea también la única inspiración de esta*». Mill destaca, además, con razón, que actuar de forma altruista solo podría aumentar la suma de la felicidad humana si esa acción sucede de manera voluntaria, pero señala que cualquier presión a este respecto alberga en sí una contradicción interna[39]. Igualmente, advierte Mill, de forma completamente acertada, que se reduce demasiado la suma del goce personal

---

[39] P. 104: «Nunca puede haber, evidentemente, suficientes ocasiones (benevolentes), en tanto los afectados no se vean obligados a ellas por ninguna otra presión. Solo que este carácter voluntario es la condición indispensable, pues la felicidad inducida por el autosacrificio de cada individuo particular se convierte en una contradicción interna tan pronto como la autonegación es realmente sentida como un sacrificio».

si se lo limita a lo necesario para el mantenimiento de la existencia. Sin embargo, también nos parece que Mill va demasiado lejos en su restricción del goce personal cuando dice[40]: «La moralización de los goces personales no consiste, para nosotros, en que se los restrinja al mínimo posible, sino en la formación del deseo, compartirlo con los otros, y con ello, *que se rechace cualquier goce* que no se deje parcelar de esta manera». ¡Vaya pensamiento! Entonces las naturalezas escogidas deberían renunciar a los únicos goces que les son accesibles, suprimir sus elevados afectos y sus sublimes pensamientos, porque estos no pueden ser gozados en común con la generalidad. Por el contrario, el siguiente pasaje de Mill se diferencia adecuadamente del ciego enaltecimiento del altruismo propuesto por Comte[41]:

> Una moralidad fundamentada en intuiciones grandes y sabias de lo que es mejor, en general; una moral que no sacrifica el individuo particular a la totalidad, ni la totalidad al individuo particular, sino que señala su propio ámbito, tanto al deber, por una parte, como a la libertad y espontaneidad, por otra, extraería su poder, en las naturalezas elevadas, de la simpatía, benevolencia y pasión por la perfección ideal, mientras que en las naturalezas *más limitadas* lo crearía a partir de sentimientos análogos, desarrollados en la medida de sus capacidades, entre los cuales habría de plantearse incluso el sentimiento de la vergüenza.

En el ensayo *La utilidad de la religión*, Mill ha roto, de manera enteramente manifiesta, con todos los componentes e imágenes fantasiosas de la fe sobrenatural. Ante la objeción

---

[40] *Auguste Comte y el positivismo*, p. 103.
[41] P. 92.

Intentos modernos de sustituir a la religión

de que la limitación de la vida terrestre no se deja vincular a los mismos sentimientos sublimes, responde[42]:

No se olvide que si la vida del hombre, como individuo, es corta, la vida de la especie humana no lo es; su duración indefinida es, para el hombre, lo equivalente a lo infinito. Combinad esta infinidad con una capacidad indefinida de perfección, y tendréis para la imaginación y los sentimientos simpáticos un objeto bastante vasto para satisfacer a cuanto las grandes aspiraciones puedan, razonablemente, pedir. Que, si un objeto de tal naturaleza puede parecer mezquino a un espíritu habituado a soñar con beatitudes infinitas y eternas, pensad que adquirirá otra amplitud cuando esos varios productos de la imaginación se hayan desvanecido en el pasado.

Además, hay aquí una expresión de la convicción de que el hombre, por perfectamente que quiera configurar su vida, debe conformarse con ella y aspirar lo menos posible a la inmortalidad[43].

Es de lamentar que Mill no haya mostrado siempre ante el fantasma de la inmortalidad la misma posición varonil que muestra en aquel tratado. En el ensayo sobre el teísmo, el último de sus ensayos sobre religión, hace gala, en relación con este punto cuestionable, de una posición totalmente diferente:

[42] P. 89. [Stuart Mill, J., *Estudios sobre la religión, op. cit.*, pp. 91-92].

[43] «Me parece no solamente posible, sino probable, que, en una condición superior, y sobre todo, más feliz de la vida humana, la idea insoportable fuera, no la del aniquilamiento, sino la de la inmortalidad; y que el hombre, aunque contento en el presente y sin prisa alguna por dejarlo, hallará consuelo y no una causa de aflicción en pensar que no está condenado por una eternidad a una existencia consciente que no estaría seguro de querer conservar siempre» [*ibid.*, pp. 105-106].

No carece de valor el beneficioso efecto de semejante esperanza; hace de la vida y de la naturaleza humana objetos de la mayor estima para el corazón; comunica mayor fuerza, como también más solemnidad, a todos los sentimientos que despiertan en nosotros nuestros semejantes y la humanidad en general; debilita el sentimiento de esa ironía de la naturaleza que se hace tan penoso cuando vemos que toda una vida de esfuerzos y sacrificios no llega a formar un espíritu sabio y noble, sino para que desaparezca en el momento en que parece presto a esparcir por el mundo los frutos de sus labores.[44]

En otro pasaje dice Mill que la religión, mediante las esperanzas sobrenaturales, podría asegurar a la moral una mayor influencia sobre el ánimo humano[45], declaraciones que plantean una incómoda contradicción con la posición mostrada por Mill en el ensayo *La utilidad de la religión,* y que nosotros hemos de lamentar vivamente.

IV

Ya observamos que, por la misma época en que el gran pensador francés formulaba su religión de la humanidad, Ludwig Feuerbach enseñaba que la verdadera religión ha de buscarse en el amor del hombre hacia el hombre.

El amor no es ninguna frase espiritual o espiritualista, nada idéntico con el *actus purus,* el acto puro de la Escolástica medieval y moderna, precisamente porque solo es amor intelectual, mientras que el amor real, verdadero, material y efectivo es, esencialmente, patológico, es decir, es un amor captado por los padecimien-

[44] P. 207 [*ibid.*, p. 210].
[45] P. 213 [*ibid.*, p. 215].

Intentos modernos de sustituir a la religión

tos materiales, efectivos de la humanidad; ese amor es el dios que rige de verdad el mundo.[46]

Y en los *Principios de una filosofía del futuro* leemos:

El ser es un misterio de la intuición, del sentimiento, del amor. Solo en el sentimiento, solo en el amor, tiene el «esto» —esta persona, esta cosa—, es decir, lo individual, valor absoluto; solo en ellos lo *finito* es lo *infinito:* en ello y solo en ello reside la infinita profundidad, divinidad y verdad del amor. Solo el amor en el Dios que cuenta cada uno de los pelos de la piel es verdad y realidad.[47]

Ya antes apuntamos la diferencia que hay entre la religión de la humanidad de Comte y la religión del amor de Feuerbach. En Comte la benevolencia es suscitada y fortalecida mediante la reflexión, mientras que en Feuerbach el afecto viene directamente del corazón. Sin embargo, ambos pensadores concuerdan entre sí en el hecho de que descubren el altruismo como la esencia de la religión.

Asimismo, aparecen concordancias en lo que se refiere a las intuiciones de ambos pensadores; también Feuerbach acentúa, a la vez que Comte, la ley de las tres fases del espíritu, al menos para el individuo, cuando declara que «Dios fue mi primer pensamiento, la razón el segundo, y el hombre mi tercer y último pensamiento». Por eso, igual que Comte, el pensador alemán quiere saber que todas las cosas se refieren al hombre,

---

[46] W. X, p. 118 [*Ludwig Feuerbach's Sämtliche Werke. Band 10. Gottheit, Freiheit und Unsterblichkeit vom Standpunkt der Anthropologie*, Verlag von Otto Wigand, Leipzig, 1866].
[47] Feuerbach, L., *Principios de la filosofía del futuro,* Orbis, Barcelona, 1984, § 33, p. 102.

y que para él tampoco hay nada más alto que la humanidad, ni existe hombre alguno como tal, salvo el hombre social. Así, leemos en los *Principios de la filosofía del futuro:* «El hombre particular *para sí* no tiene la esencia del hombre *ni en sí como ser moral, ni en sí como ser pensante.* La esencia del hombre reside únicamente en la comunidad, *en la unidad del hombre con el hombre:* una unidad que, empero, no reposa sino en la *realidad* de la *diferencia* entre el *Yo* y el *Tú*». «La soledad es *finitud* y *limitación;* la *comunidad* es *libertad* e *infinitud.* El hombre *para* sí es hombre (en el sentido usual); el hombre con el hombre —*la unidad del Yo y el Tú*— es *Dios*»[48].

Es asombroso que, con los numerosos puntos de contacto que existen entre Feuerbach y Comte, Carl Nicolai Starcke, el famoso expositor e intérprete de Feuerbach, en su obra, aparecida muy pronto, no solo haya pasado por alto trazar un minucioso paralelo entre ambos pensadores, sino que tampoco cita una sola vez en sus obras el nombre de Comte.

Como Feuerbach ve la esencia de la religión en el amor, fundamenta toda moral en el sentimiento de identidad, en el amor natural del hombre hacia el hombre. La enseñanza de la moral no consiste en el sentimiento bajo la ley moral, bajo el requerimiento de aquella voz que le grita al hombre «tú debes», sino en el respeto ante el prójimo. El amor de Feuerbach no es, en el fondo, otra cosa que la compasión de Schopenhauer, y se diferencia, igual que esta, del altruismo de Comte. Ambos pensadores, Schopenhauer y Feuerbach, se encuentran aquí en la misma posición opuesta frente a Kant, y los dos se equivocan en su oposición.

Ambos parten, en primer lugar, de la falsa concepción según la cual en la moral solo se trataría de la relación de hombre a hombre, mientras que también entra en consideración la

---

[48] *Ibid.,* §§ 59-60, p. 123.

Intentos modernos de sustituir a la religión

relación respecto de la propia personalidad, así como hacia la idea y hacia la verdad, la cual se designa mediante la conciencia intelectual. La conciencia intelectual, empero, puede determinarnos, bajo otras circunstancias, a la dureza, incluso a la crueldad contra el prójimo, conservando su derecho, sin embargo, la moralidad. Pero también cuando se trata de proporcionar un provecho al prójimo o de preservarlo de perjuicios, los sentimientos de respeto, simpatía y amor solo han de jugar un papel secundario, si queremos que nuestras acciones posean realmente valor moral, mientras que el *primum mobile* debe ser algo completamente independiente de aquellos sentimientos. Es aquella voz interior, aquella conciencia, que hace valer su poder sobre nosotros, incluso cuando se trata de hacer algo contra nuestra voluntad, y subordinar nuestros sentimientos más ardientes a intereses ajenos, favorecer a hombres que nos son completamente indiferentes o dejar caer la justicia sobre nuestros enemigos; es aquella conciencia, dada *a priori,* de un orden ideal superior, que creció solo poco a poco en el hombre, y que este debe trasladar a la realidad; es el sentido de equidad y de armonía de los intereses humanos, que fue saliendo a la luz paulatinamente, un sentido que no solo está emparentado con el impulso estético, sino que, en el fondo, es una y la misma cosa con él y que es tanto más bello, tanto más humano, si podemos llevar a cabo nuestras acciones morales, a la vez, con simpatía por las personas a las que se refieren; pero la simpatía no puede llegar a ser el motivo propiamente determinante, si nuestras acciones han de poseer valor moral.

Tampoco podemos estar de acuerdo con la fundamentación de la moral que hace Feuerbach en la *necesidad de la felicidad ajena.* Hemos de repetir lo que ya hemos dicho: que en la moral no se trata solamente de la relación de hombre a hombre, sino también de la relación con el propio yo y con la verdad, y que la condición intelectual puede conducirnos a acciones que no tienen por qué tener como consecuencia el bienestar de los seres humanos. Es indiscutible, evidentemente, que con la agudización del sentimiento moral en la relación entre los seres humanos se pondrá fin a muchos padecimientos y miserias, que en los estamentos culturales más bajos, especialmente en las clases populares inferiores, tienen actualmente como consecuencia la rudeza y el libertinaje (recordemos, principalmente, la miserable situación de las mujeres); pero, por otra parte, ¡piénsese cuánto más seria, estricta y difícilmente se configuraría la vida si cada exigencia ética superior debiera plantearse a sí mismo y a los demás; si cada uno se vigila estrechamente a sí mismo y tiene que bregar permanentemente con el gigantesco poder del egoísmo! Por consiguiente, aunque una moral más perfecta puede estar en situación de promover la felicidad de la sociedad en cierta dirección, puede disminuirla en otra, de lo que se sigue que la felicidad no puede ser la meta ni el fin de la moral.

La ventaja de la nueva doctrina de Feuerbach, frente a la de Comte, consiste tan solo en que, mientras Comte sitúa la naturaleza como si fuese algo extraño frente al hombre, Feuerbach lo une íntimamente con ella, dando así un sustrato de representación sensible al sentimiento de dependencia que alcanza a expresarse en la religión. «La nueva filosofía —dice— hace del hombre, *incluyendo la naturaleza como su base,* el único, universal y más elevado objeto de la filosofía». De hecho, mediante esta exposición de la relación entre la naturaleza y el hombre se gana el punto de partida que requiere necesariamente un sustituto de la religión. El hombre no es nada aislado de la naturaleza, sino que se le debe considerar en íntima conexión con ella. Si nos situamos en el punto de vista materialista o idealista, debemos captar al hombre como el miembro más elevado de una larga serie de desarrollo. Por eso no se necesita compartir en absoluto el punto de vista

Intentos modernos de sustituir a la religión

materialista de Feuerbach para apreciar, encarecidamente, su firme integración del hombre en la naturaleza. Suponiendo que se consideren, igual que Kant, todos los procesos y cosas, y con ellos también el hombre, como fenómenos, se debe, sin embargo, conceder que ciertos fenómenos deben preceder para que otros puedan hacer acto de presencia, por lo que el fenómeno «hombre», por ejemplo, presupone una inabarcable multitud de otros fenómenos; así que, en la relación de unos fenómenos con otros se mienta una ley que es completamente independiente de nosotros, pero de la que nosotros mismos, por nuestra parte, somos absoluta y enteramente dependientes.

Para Feuerbach, las cosas son diferentes instrumentos de la naturaleza con los que ella persigue diferentes metas; pero el hombre, por sus disposiciones superiores, es su instrumento más elevado. Sin embargo, esto puede valer solamente para el campo y el ámbito perceptivo del hombre, pues no solo pueden pensarse otros organismos superiores a él en otros cuerpos celestes, sino que el hombre mismo posiblemente pasará a un orden superior. Planteando al hombre como el tipo más elevado, Feuerbach cae en el mismo error que Comte, si bien, como se ha señalado, es verdad que, en su ámbito más próximo, el hombre es el instrumento más elevado de la naturaleza y se ve espoleado por el pensamiento de que esta le plantea la sagrada tarea de desarrollar todas aquellas capacidades y fuerzas que, en la medida en que puede echar un vistazo a su alrededor, solo él comprende; de manera que, cuando se pone a hacerlo, escucha la voz de la naturaleza y cumple su voluntad si expresa aquello que le es más propio como hombre.

No obstante, por lo que se refiere a los sentimientos que el hombre experimenta en la religión frente a lo universal, Feuerbach ha fundamentado de manera satisfactoria solo el de *dependencia [Abhängigkeit]* de un entendimiento y un ánimo, y con ello ha dado un firme punto de apoyo a la moral como aquella tendencia al perfeccionamiento; en cambio, no ha acentuado el sentimiento de *respeto [Ehrfurcht]* ante la totalidad del mundo, que predomina sobre el individuo, ni la confianza en los últimos poderes del mundo, siendo indiferente si se piensan estos como disposiciones en la materia originaria, pensada sin forma, o si se los piensa como algo innombrable, que se encuentra por detrás de los fenómenos y los domina. Esto es lo que hace David Friedrich Strauss, aunque de manera más imperfecta y delicada, en su última obra. Sea lo que sea lo que pueda pensarse de este libro, siempre deberá considerarse el siguiente pasaje, que reproducimos entero:

> Nosotros percibimos en la naturaleza violentas contradicciones y pavorosas luchas; pero encontramos que, aun con ellas, no queda destruido, sino que, por el contrario, se mantiene el estado y armonía del todo. Además, percibimos una gradación, una producción de lo superior desde lo inferior, de lo refinado a partir de lo tosco, de lo suave a partir de lo basto. Y por eso nos encontramos, en nuestra vida personal y comunitaria, tanto más exigidos cuanto más consigue someterse a reglas lo arbitrario que cambia también en nosotros, y a desarrollarse desde lo inferior a lo superior, y desde lo tosco a lo suave. A eso mismo, en cuanto concierne al círculo de la vida humana, lo llamamos razonable y bueno. Y a aquello que vemos corresponderse con esas cualidades, tanto en el mundo como en nosotros mismos no podemos dejar de llamarlo así. Y, puesto que, por lo demás, nosotros nos sentimos simplemente dependientes de este mundo y tanto nuestra existencia como la disposición de nuestro ser solo podemos derivarla de él, entonces debemos considerarlo ciertamente en su pleno concepto, como universo, como la fuente originaria de todo lo razonable y bueno. Al observar que lo razonable y bueno en el mundo humano parten de la conciencia y voluntad, la antigua religión ha concluido que lo que se corresponde con estas

Intentos modernos de sustituir a la religión

cualidades en el conjunto del mundo debe partir también de un Creador consciente que lo quiere. Nosotros hemos renunciado a sacar esta conclusión, y ya no consideramos el mundo como la obra de una personalidad absolutamente racional y buena, pero sí como el taller de lo razonable y bueno. El mundo ya no está dispuesto para nosotros por una razón superior, sino que apunta *hacia* una razón superior. Por tanto, ciertamente debemos poner en la causa lo que radica en el efecto; lo que procede de ella también debe haber estado dentro de ella. Pero, ciertamente, es solo la limitación de nuestro representar humano lo que nos lleva a diferenciar en el universo causa y efecto, exterior e interior. No es, por tanto, aquello de lo que nos sentimos dependientes una ruda superpotencia, ante la que nos inclinamos anulados con muda resignación, sino que es, a la vez, orden y ley, razón y bien, a los que nos entregamos con amorosa confianza. Y aún más: puesto que percibimos en nosotros mismos la disposición a lo razonable y bueno, que creemos reconocer en el mundo, y como en los seres que conocemos encontramos que aquellas disposiciones deben de llegar a ser algo personal, nos sentimos, al mismo tiempo, emparentados en lo más íntimo con aquello de lo que nos sentimos dependientes; y en la dependencia nos encontramos, a la vez, libres, de manera que en nuestro sentimiento del universo se mezclan orgullo con humildad y alegría con sumisión.[49]

No obstante, los principales pensamientos expresados en este pasaje solo los han fundamentado más amplia y profundamente Julius Duboc, por una parte, y Karl Eugen Dühring, por otra.

[49] Strauss, D. F., *Der alte und der neue Glaube. Ein Bekenntnis*, S. Hirzel, Leipzig, 1872.

V

Consideraremos ahora diferentes intentos que parecen pertinentes en este punto y frente a los cuales hemos de pronunciarnos de forma absolutamente negativa.

No queremos dejar de citar, al menos, como escritores que se ocupan de nuestro problema, al Dr. Löwenthal y al Dr. Edward Reich. Sin embargo, las manifestaciones de ambos son demasiado poco significativas como para que necesitemos ocuparnos con más detalle de ellas. Resulta digno de mención que el Dr. Reich se encuentre fuertemente influido por Comte, aunque no en un sentido muy elevado. Su «Iglesia de la humanidad» pertenece más bien a las cosas más ramplonas que jamás se hayan imaginado.

Nos acercaremos ahora a la concepción de Friedrich Albert Lange, según la cual el cristianismo, ciertamente, ha de mantenerse, pero ha de concebirse *sensu allegorico* más que *sensu proprio*.

No hay más que dos caminos entre los que es preciso elegir, después de madura reflexión —dice Lange, en relación con el futuro de la religión[50]—, cuando se ha visto que el simple racionalismo se pierde en la arena de la vulgaridad sin poder nunca desembarazarse de dogmas insostenibles. Uno de aquellos caminos consiste en suprimir y abolir enteramente toda religión y transferir su contenido al Estado, la ciencia y el arte; el otro, en penetrar en la esencia de la religión, en vencer todo fanatismo y toda superstición gracias al vuelo consciente por encima de la realidad y la renuncia definitiva de la falsificación de lo real por medio del

---

[50] *Geschichte des Materialismus und Kritik seiner Bedeutung in der Gegenwart*, 1866, 2.ª ed., II, p. 546 [*Historia del materialismo, Tomo 2*, op. cit., pp. 586-587].

Intentos modernos de sustituir a la religión

mito, que no puede conducir al objeto del conocimiento. La primera de dichas sendas entraña el peligro de un empobrecimiento intelectual y ante la segunda surge la gran cuestión de saber si en este mismo momento la esencia de la religión no sufre una transformación que definitivamente permitirá apoderarse de ella de un modo preciso. Pero el segundo peligro es el menor, porque justamente el principio de la espiritualización de la religión debe facilitar y dulcificar toda transición exigida por las progresivas necesidades de la cultura moderna.

[…] En tanto que se busque la esencia de la religión en ciertas teorías sobre Dios, el alma humana, la creación y el orden del universo, se seguirá por necesidad que toda crítica que comienza lógicamente por echar el trigo candeal terminará al fin en una negación completa. Se tamiza tanto, que al cabo nada queda. — Si, por el contrario, se ve la esencia de la religión en la elevación de las almas sobre lo real y en la creación de una patria de los espíritus, las formas más depuradas todavía podrán dar esencialmente lugar a los mismos procesos psíquicos que la fe del carbonero en la turba ignorante, y, a pesar del refinamiento filosófico de las ideas, no se descenderá jamás a cero. […] Habituémonos, pues, a dar al principio de la idea creadora en sí y fuera de toda relación con el conocimiento histórico y científico, pero también sin falsificación de este conocimiento, un valor más alto que el que hasta aquí se le dio; a ver en el mundo de las ideas una representación imaginada o emblemática de la verdad completa, tan indispensable para todo progreso humano como los conocimientos de la inteligencia, y a medir la mayor o menor importancia de cada idea por los principios éticos y estéticos.[51]

Podría suscribirse, desde luego, más de una proposición de este pasaje. Pero es completamente equivocada, ante todo, la

---

[51] *Ibid.*, pp. 588-589.

afirmación de que, en relación con la religión solo existen en el futuro dos caminos: acabar con la misma, con el consiguiente empobrecimiento espiritual, o mantener sus representaciones y formas, con plena conciencia de que las mismas solamente se pueden aprehender simbólicamente. Lange se decide por este último, pero nosotros lo consideramos tan fallido como el primero, que también él rechaza.

El $\pi\varrho\tilde{\omega}\tau o\nu\ \psi\varepsilon\tilde{v}\delta o\varsigma$ de aquella intuición es, precisamente, la afirmación de que la esencia de la religión consistiría en la elevación del espíritu sobre la realidad. Aunque es cierto que debe admitirse que este proceso psíquico juega un gran papel en la religión, no puede, sin embargo, erigirse en su esencia misma si no se quiere, quizás, identificar la religión con una concepción unilateral de la poesía, equiparación que, sin embargo, es completamente dudosa. El hecho de que cualquier prosélito religioso crea estar en posesión de la única revelación verdadera es la prueba más clara de la que depende la religión. No es la elevación sobre la realidad —aunque a la misma, como ya señalamos, le corresponde una gran significación en la religión— lo que constituye la esencia de la religión, sino una profunda convicción, una fe que mueve montañas, una confianza inconmovible hacia aquellas representaciones que a los ojos del creyente son las más elevadas. Cada religión es un intento imperfecto de interpretar y exponer el mundo, una respuesta provisional a las cuestiones relacionadas con el origen de las cosas, por el sentido de la realidad y por el destino final del hombre. Las respuestas que da su religión a estas preguntas constituyen la cosmovisión del creyente, a la que se atiene y de cuya verdad está lleno, aunque sea también incapaz de entenderlas. Ahora bien, cuando la confianza en estas representaciones termina, cuando el que antes creía en ellas ve que ha de tomarlas solamente en un sentido alegórico, ¿cómo se comportará respecto de ellas? ¿Tendrán aún una significación decisiva en su vida?

Intentos modernos de sustituir a la religión

Antes de responder a esta pregunta, vamos a revisar los ejemplos que pone Lange para demostrar que las personas ilustradas de antaño han tenido una concepción de la religión parecida a la suya y que el pueblo ha barruntado este hecho al menos oscuramente.

Primer ejemplo: «Si este estado de cosas no hubiese sido comprendido claramente por los sabios, y aun de un modo vago presentido por el pueblo, ¿cómo en Grecia y en Roma se habrían atrevido, poetas y escultores, a dar vida al mito y nuevas formas al ideal de la divinidad?»[52].

A esto hay que responder que los griegos, naturalmente, pronto comenzaron a considerar sus dioses como contenidos de la fantasía. Sin embargo, fue precisamente su incredulidad la que tuvo la culpa, y no pequeña, de su temprana ruina: una circunstancia que constituye la prueba más clamorosa contra la corrección de la concepción de nuestro filósofo de que la religión aún podría ofrecer un apoyo solo con concebirla de forma alegórico-simbólica. Un pueblo cuyos dioses no son ya capaces de ser objeto de veneración necesita precisamente un sustituto de la religión basado en representaciones e ideales dignos de confianza.

Segundo ejemplo: «De ahí viene también el valor que las almas verdaderamente piadosas han atribuido siempre a la experiencia y a la comprobación internas como pruebas de la fe. Muchos de estos creyentes, que deben la tranquilidad de su alma a los piadosos entusiasmos de la oración y que conversan en espíritu con Cristo como con una persona, saben muy bien, teóricamente, que se encuentran semejantes procesos del alma en dogmas por completo distintos y que el mismo éxito, la misma eficacia han obtenido sectarios de religiones absolutamente diferentes. [...] ¿No es evidente, desde luego,

---

[52] *Ibid.*, p. 590.

que la esencia de la cuestión yace en la forma del proceso espiritual y no en el contenido lógico o histórico de cada una de las concepciones o doctrinas? [...] Este predominio de la forma en la fe se revela también en un hecho notable: que los creyentes de religiones distintas, hasta hostiles unos con los otros, se avienen mejor entre sí, dan más testimonio de simpatía a sus más fogosos adversarios que a quienes se muestran indiferentes a las cuestiones religiosas»[53].

Contra esto se puede argumentar que, cuando los fieles de una religión muestran simpatía con los heterodoxos, dicha simpatía siempre está acompañada, no obstante, por el sentimiento de que los heterodoxos están equivocados, y aunque respetan su elevación religiosa, al mismo tiempo los compadecen por creer en un falso Dios. Además, cuando los creyentes sienten más simpatía por los heterodoxos que por los incrédulos, esto se explica por el hecho de que ellos tienen a los primeros por gentes que aún tienden a buscar, a los que solamente se necesitaría hacer comprensible la *verdadera* fe, para que se pasaran a la misma. Que creyentes de una religión traten de *convertir* a los heterodoxos a su fe es clara prueba de que lo que le importa al creyente no es solamente la elevación espiritual, sino el objeto hacia el que él se eleva.

Finalmente, nuestro filósofo se remite a aquellos hombres superiormente dotados y de amplia formación que se atienen a la religión, en contraposición con los burlones cabezas huecas, «porque desde su infancia la sensibilidad ha desempeñado un gran papel en su vida, porque la imaginación, el corazón, el recuerdo de horas afortunadas lo unen con mil raíces a los antiguos y queridos fundamentos de su fe»[54]. Solo que nosotros no podemos ver en esta dependencia hacia la religión de

---

[53] *Ibid.*, pp. 591-592.
[54] *Ibid.*, p. 597.

Intentos modernos de sustituir a la religión

hombres ilustrados otra cosa que una señal de que el hombre, de hecho, necesita una firme confianza, una exigencia que hace que el ilustrado envidie al creyente, tanto más cuanto menos alcanza él mismo a crearse un sustituto perfecto de la religión. Si hombres como los que se imagina Lange exigieran, sin embargo, ocuparse seriamente de las representaciones cristianas interpretándolas simbólicamente, se considerarían como incapaces de reaccionar ante ellas. El motivo es que las representaciones religiosas pierden todo su peso tan pronto como no son aceptadas con fe.

Así pues, si hemos de atenernos a las viejas representaciones simbólicas, estas deben contener, primero, un sentido más profundo, y han de ir, en segundo lugar, expresadas de forma verdaderamente poética. Pero la verdad es que ninguna religión, prescindiendo de algunos preceptos éticos, ofrece ideas sostenibles y que la mayoría de sus representaciones, si se va a su base, se muestran poco poéticas y toscas.

Y además, ¿cómo sería posible mantener en pie la religión en la forma en que la piensa Lange? Esas representaciones, a pesar de ser símbolos tan dignos, o no producirían, en general, un sentimiento religioso, o dicho sentimiento perdería muy pronto todo apoyo, o pasaría a ser una «fe literal», algo que, por lo demás, admite el propio Lange: «a la ideología [le] es con demasiada frecuencia inherente el veneno de la creencia en la letra. El símbolo viene a ser involuntariamente y poco a poco un dogma inflexible, como la imagen de un santo se cambia en ídolo»[55].

Si el concepto de religión de Lange, que él identifica con la poesía, es incorrecto, su concepción de la esencia de la poesía misma, cuando la designa como elevación sobre la realidad, es unilateral. No es extraño que, con esta concepción de la poesía

---

[55] *Ibid.*, p. 598.

le parezca a Lange la poesía de Schiller el ideal más alto, si bien esta no representa ningún modelo definitivo. Solo puede producir el más profundo y persistente efecto aquella poesía en la que se mantiene un equilibrio entre realismo e idealismo. Conmueve y resulta simpática la noble comparación con la que Lange acoge a los pobres y miserables, y él acentúa dos momentos importantes, aunque no propone ningún remedio perfecto, cuando dice: «Una cosa es cierta, a saber, que cuando debe comenzar una era nueva y desaparecer una antigua es menester que dos grandes cosas se combinen: una *idea moral* capaz de inflamar el mundo y una *dirección social* bastante poderosa como para elevar a un grado considerable las masas oprimidas»[56].

VI

Entre los esfuerzos más valiosos para resolver el problema que nos ocupa se cuenta el original libro de Friedrich Nietzsche *Así habló Zaratustra*[57]. No cabe duda de que el autor, que, desde algunos puntos de vista asume una excepcional posición entre los escritores de nuestros días, cree haber creado un nuevo Evangelio con esta obra. Se esfuerza, incluso, por reproducir la forma y el tono de los libros sagrados, lo que alcanza sin duda de forma excelente por su magistral manejo de la forma.

Las numerosas obras de Nietzsche han pasado hasta ahora en gran medida inadvertidas para el público y la crítica. De hecho, Nietzsche es conocido como una personalidad altamente reverenciada solo en los círculos musicales eruditos, y esto, tanto por una larga amistad íntima con Richard Wagner como

---

[56] *Ibid.*, p. 599.
[57] Chemnitz, 1883 y 1884.

Intentos modernos de sustituir a la religión

por dos tratados: *El nacimiento de la tragedia en el espíritu de la música*, que, según los entendidos, contiene la exposición global del espíritu de la música wagneriana, y *Richard Wagner en Bayreuth*, brillante homenaje al compositor, que también fue traducido al francés. Por lo demás, el nombre de Nietzsche es citado muy a menudo y reconocido como un grande, sin que muchas veces se sepa en qué se basa esta fama. Por eso, antes de pasar a introducirnos en la obra que principalmente viene al caso, nos permitiremos algunas observaciones generales sobre este escritor, así como una breve caracterización y crítica de sus principales pensamientos plasmados en sus primeras obras —una crítica que, sin embargo, se saldará con un resultado esencialmente negativo—.

Nietzsche es, ante todo, un espíritu artístico, un poeta, por lo que concierne al sentimiento, refinamiento, fuerza intuitiva y belleza armónica del discurso; y como estilista pocos podrían competir con él. Además, posee una manera de pensar alejada de todo estereotipo, una admirable plenitud espiritual, una grandiosa visión panorámica sobre los diferentes ámbitos de la vida, del arte y de la ciencia, y un juicio muy preciso e, incluso, soberano.

A Nietzsche, sin embargo, no le satisfaría este reconocimiento, pues lo cierto es que él, al menos desde la aparición de su obra *Humano, demasiado humano* (1878), se tiene por un *filósofo*. ¿Está justificado para ello? ¿Son filosóficas sus obras? En todo caso, contienen un gran número de pensamientos filosóficos; sus colecciones de reflexiones largas o cortas y aforismos se han editado en parte bajo los paradójicos títulos de *Humano, demasiado humano, El viajero y su sombra, Aurora* y *La gaya ciencia*, libros en los cuales ha reunido, de forma por lo general carente de método, una serie de pensamientos del más diverso peso y valor, que tocan casi todas las cuestiones más importantes. De hecho, en estas obras se encuentra plasmado un espíritu que tiene mucho de extraordinario. Pero ¿qué valor tienen especialmente los pensamientos filosóficos que el autor nos ofrece en ellas? Ante todo, hay que advertir que Nietzsche apenas ha tratado un problema de forma exhaustiva. Allí donde otros han trabajado, él se complace con explayarse en hacer indicaciones y alusiones indirectas e imágenes ingeniosas, y se entretiene en adoptar, en general, más el papel de alguien que plantea tareas científicas que el de una persona que trabaja en la ciencia. ¿Está justificado para ello? En nuestra opinión, su fuerza parece residir, principalmente, más bien, en su genial capacidad de reproducción *[Reproduktionsvermögen]*. Posee la superioridad de la expresión y de la forma, y, de hecho, utilizando alguna que otra palabra adecuada, alguna designación novedosa o alguna imagen afortunada, ha mostrado, exponiéndolos bajo una nueva luz, resultados de la investigación y especulación, con lo cual es verdad que frecuentemente él consigue tomar posición —en la que se echa en falta un poco de modestia— frente a los auténticos creadores de estos pensamientos.

Tampoco puede negarse que exista algún que otro pensamiento original y geniales relámpagos luminosos en sus análisis psicológicos. Pero, en general, puede decirse de sus reflexiones filosóficas que el tratamiento de los problemas no armoniza con su importancia; que expresiones de auténtica sabiduría alternan con inútiles ocurrencias y dudosas sofisterías; pruebas de auténtica agudeza, con paradojas y, en ocasiones, lamentables errores, y que el autor casi se contradice en cada punto. Por lo menos, debemos admirarnos especialmente de su inusual capacidad de reproducción en el ámbito de la filosofía. Sin embargo, los límites de su talento filosófico se muestran tan pronto se pone a fijar las últimas tareas y metas adoptando un punto de vista propio. Entonces, enseguida se pone de manifiesto una llamativa carencia de sano sentido para la realidad, así como una falta de capacidad para encontrar los medios correctos.

Aunque Nietzsche ha recibido la impronta de ciertas corrientes del pensamiento moderno, se encuentra, por otra parte, completamente alejado de las cuestiones prácticas de la vida; es un idealista extremo, si ser realmente idealista quiere decir no tener consideración alguna con la realidad. Los *ideales y estados antiguos,* que no encuentran ninguna utilización en nuestra época, *flotan ante su espíritu,* mientras que se muestra frío frente a muchas de las mejores y más nobles aspiraciones contemporáneas. No tiene nada de extraño que el público también se muestre frío con él.

Su gran carencia de capacidad para una justa y correcta apreciación de la vida y del hombre la mostró enseguida en su primer escrito filosófico: *Schopenhauer como educador*[58] (1874), donde se le plantea a la sociedad la tarea de *producir al genio.* Y esta tarea no se le plantea, quizás, a una sociedad ideal futura, en la que los hombres aprenden a salvaguardar su dignidad humana y en la que llegan a alcanzar, en general, una madurez y educación espiritual más grande, sino que es a la sociedad de nuestro tiempo a la que se le lanza el imperativo: «Debes producir y fomentar el genio». Por supuesto, este imperativo debe aparecerle a cualquier sociedad como una exigencia asombrosa, por el simple motivo de que no está en su poder cumplirlo. Sin embargo, Nietzsche está convencido de lo contrario. Siguiendo el ejemplo de Schopenhauer, de quien era partidario casi antipático por la época en la que publicó este cuestionable escrito, quiere mostrar lo que la sociedad tiene que aprender para facilitar el renacimiento del genio, y especialmente del genio de un Schopenhauer, esto es, del genio filosófico, del que Nietzsche se ocupa ante todo en su

---

[58] El tratado constituye la tercera de sus *Consideraciones intempestivas.*

escrito, puesto que los mismos motivos que han de impedir el *surgimiento* del genio son los que dificultan su *efectividad*.

¿De quién fue esencialmente la culpa —pregunta Nietzsche— de que Schopenhauer debiera esperar tanto tiempo, hasta que, finalmente, llegó el día en que pudo exclamar, con triunfo doblemente conmovedor: *legor et legar!* [«¡Soy y seré leído!»]. La respuesta es: la carencia de sencillez y naturalidad de sus contemporáneos. Por eso Nietzsche cree que los amigos y admiradores de Schopenhauer deberían reunirse para generar una corriente que facilite el renacimiento del genio filosófico.

¡Un culto al héroe extremadamente equivocado; una auténtica inversión de la relación efectiva entre el genio y la sociedad!

El genio abre un nuevo dominio espiritual a la sociedad desarrollándose en contradicción con la corriente de la época, o prestando expresión a lo que los contemporáneos solo sienten de forma oscura, tratándose de un dominio del que la sociedad a menudo solo aprende a tomar posesión paulatinamente, pero que ella ya no puede conocer antes de la aparición del genio, a fin de prepararse, en cierto sentido, para su aparición. Desde luego, no se ha hecho bastante con la mera naturalidad del pensar y del sentir. La sociedad necesita de una cierta madurez espiritual para comprender al genio, pero, a su vez, solo el genio puede dar dicha madurez a la sociedad. Así, vemos que Nietzsche capta la relación entre genio y sociedad de una manera completamente equivocada. Cómo, en fin, se representa Nietzsche la promoción del renacimiento del genio por la sociedad, es algo que nos resulta completamente incomprensible. Hasta ahora Nietzsche siempre ha permanecido atenido al pensamiento de que la naturaleza solo tiene éxito con el «hombre heroico».

Cuando Nietzsche redactó el escrito sobre Schopenhauer, aún no se tenía a sí mismo por un filósofo ni creía que llegaría

Intentos modernos de sustituir a la religión

a serlo nunca, como él mismo admitía abiertamente[59]; por entonces solamente era un entusiasta seguidor de Schopenhauer. Pero pronto se produjo una completa separación de su antiguo maestro. Nietzsche se había cansado de su admiración incondicional; su autoestima había crecido, y no hay duda de que en *Humano, demasiado humano* creyó haber expresado un pensamiento independiente y cargado de significación, porque había llegado a la dolorosa convicción de que nosotros estamos determinados por motivos en todas nuestras acciones, y extrajo de aquí, como suele suceder, la conclusión, totalmente falsa, de que no hay ninguna diferencia entre lo bueno y lo malo, y que, por tanto, no hay acciones morales ni inmorales, que la virtud no merece admiración ninguna y que es un error lógico irritarse por los vicios y castigar al criminal. Sin embargo, Nietzsche no pudo quedarse tranquilo con este conocimiento hasta que le llegó un pensamiento consolador:

> Pero para esto hay un consuelo —leemos al final del capítulo «Para la historia de los sentimientos morales»—: Estos dolores son los dolores del parto. La mariposa quiere romper su envoltura, la despedaza, la desgarra; entonces se siente cegada y embriagada por la luz desconocida: el imperio de la libertad. En los hombres que son *capaces* de esta tristeza —¡que serán pocos! —es donde se hace el primer ensayo de saber si la humanidad, de *moral* que es, puede transformarse en *sabia*. [...] El hábito hereditario de los errores de apreciación, de amor, de odio, por más que continúe obrando en nosotros, será cada vez más débil bajo la influencia de la ciencia en aumento; un nuevo

---

[59] Véanse estos dos pasajes: p. 92: «Un erudito nunca será filósofo», y p. 97: «Pero ya Kant fue, como solemos ser los eruditos, excesivamente cuidadoso, pusilánime» [Nietzsche, F., *Schopenhauer como educador. Tercera consideración intempestiva (1874)*, ed. de L. F. Moreno Claros, Madrid, 1999, pp. 140 y 149].

hábito, el de comprender, el de no amar, el de no odiar, el de ver desde arriba, se implanta sensiblemente en nosotros en el mismo terreno, y será dentro de miles de años quizá bastante poderoso como para proporcionar a la humanidad la fuerza de producir el hombre sabio, inocente (con conciencia de su inocencia), de una manera tan regular como produce actualmente al hombre sabio, injusto, con conciencia de su culpa; *es decir, el antecedente necesario, no lo contrario de aquel.*[60]

La posibilidad de una humanidad sabia es un pensamiento en el que, de hecho, nadie había caído antes. Spinoza tuvo por posible una comunidad de pensadores en la que nadie estaría a disgusto, pero ante el pensamiento de una «humanidad sabia» habría negado con la cabeza. ¿Habría de tener realmente el entendimiento el poder de llegar a enseñorearse de las potencias originales de los sentimientos?, y suponiendo que él fuese capaz de ejercer tal tipo de encanto, ¿no desaparecerían también con las sensaciones éticas las estéticas y, finalmente, fuera de un entendimiento infalible, solamente quedarían las sensaciones más bajas? Cuando Herbert Spencer sueña con un estado futuro de la sociedad en el cual los intereses personales y generales se encontrarían en perfecta armonía, se trata de un bello sueño, y hay momentos en los que podría creerse en su realización, mientras que la utopía de Nietzsche ofrece una imagen del futuro muy poco edificante. Y aún se puede comprender menos que Nietzsche se conforme con este pensamiento, pues, un poco antes, se expresa así: «solo hombres excesivamente ingenuos pueden creer que la naturaleza del hombre pueda cambiarse en una naturaleza puramente lógica; pero si tuviese que haber grados de aproximación hacia el fin,

---

[60] Nietzsche. F., *Humano, demasiado humano*, trad. de C. Vergara, Edaf, Madrid, 1979, § 107, pp. 97-98.

Intentos modernos de sustituir a la religión

¡qué pérdidas se sufrirían en este camino![61]». Por lo demás, tampoco podemos estar de acuerdo con esta expresión, puesto que nosotros debemos rechazar la concepción según la cual nuestros juicios morales están basados en errores del intelecto. Sin embargo, no consideramos pertinente desarrollar en este lugar nuestra propia visión del asunto.

Cuando Nietzsche, en un pasaje de *Aurora* (1881), expresa el pensamiento de que se debería devolver al hombre la confianza en aquellas acciones que tienen la mala fama de ser tachadas de egoístas, para que con ello la vida deje de asumir una apariencia malvada y el hombre deje de ser malo, cuando él no se tenga ya por tal, expone una afirmación muy atrevida.

Asimismo, resulta verdaderamente sorprendente la posición que asume Nietzsche frente a la compasión. Él solamente ve en ella una manifestación del sentimiento de poder, una «agradable estimulación del impulso a la apropiación»; el agradable sentimiento de aquellos que son poco orgullosos y apenas pueden hacer otras conquistas. No es para él más que una moda moral, y el compasivo solamente un tipo especial de egoísta.

Nietzsche tiene, ciertamente, mil razones para reprochar la frivolidad con la que habitualmente se prueban ciertos actos como beneficiosos, y con respecto a la doctrina de Comte advierte de los peligros a los que conduce un altruismo llevado demasiado lejos. Sin embargo, Nietzsche no distingue entre el tosco, ofensivo conducirse de aquellos que no alcanzan una cultura sentimental superior, y siguen sus impulsos, y las nobles formas de la verdadera compasión. La verdadera compasión, de la que solo es capaz el hombre verdaderamente ético, lleno de fantasía y comprensión, no quiere hacer violencia ni herir. Como le sucede en casi cada punto, Nietzsche también se contradice en este. En *La gaya ciencia* (n. 274) dice: «¿Qué

---

[61] Nietzsche. F., *Humano, demasiado humano*, op. cit., § 31, p. 55.

es para ti lo más humano? Ahorrar a alguien la vergüenza»[62]. Pero ¿acaso no es ahorrar la vergüenza a alguien una forma de compasión? El fundamento más profundo por el que Nietzsche trata tan menospreciativamente la compasión es la conciencia de que hay casos en los que el bien del hombre debe sacrificarse a un fin superior. Así, dice en la sección «Mirar más allá del prójimo», perteneciente a *Aurora*:

> ¿Cómo? ¿Consistirá para nosotros la esencia de lo verdaderamente moral en considerar las consecuencias próximas e inmediatas que pueden tener nuestros actos para los demás hombres y decidir nuestra conducta con arreglo a estas consecuencias? Esta es una moral estrecha y burguesa; pero todavía es una moral. Me parece que respondería a una idea superior y más perspicaz el mirar *más allá* de esas consecuencias inmediatas para el prójimo a fin de alentar designios de mayor alcance, a riesgo de hacer padecer a los demás, verbigracia, empujar hacia el conocimiento no obstante la certeza de que nuestra libertad espiritual comenzara por sumir a los demás en la duda, el pesar y algo todavía peor.[63]

Debemos estarle agradecidos a Nietzsche por realzar vivamente este punto de vista. Pero aunque en ciertos casos haya consideraciones superiores al bien del prójimo, estos solamente son casos excepcionales, ¡y cómo se empobrecería la vida, si la compasión debiera desaparecer de ella!

Lo que nos convence de forma más simpática de Nietzsche es cuando pone el acento en la *alegría compartida [Mitfreude]*, cuya existencia niegan algunos filósofos como, por ejemplo,

---

[62] Nietzsche, F., *La gaya ciencia*, ed. de J. L. Vermal, Tecnos, Madrid, 2016, § 274, p. 208.
[63] Nietzsche, F., *Aurora*, Ed. Mexicanos Unidos, México, 1978, § 146, pp. 90-91.

Intentos modernos de sustituir a la religión

Hobbes; en la conciencia intelectual, la cual, de hecho, solamente se hace valer en muy pocos individuos, y su atrevida y alegre afirmación de la vida *[muthige freudige Lebensbejahung]*, con una orgullosa mirada en la lejanía, algo que causa doble agrado en un exdiscípulo de Schopenhauer. Esta última afirmación ha recibido su expresión más intensa, pero también más fallida, en la última obra de Nietzsche, *Así habló Zaratustra*, de la que pasaremos a ocuparnos enseguida. Nos emociona de manera simpática, también, el fuerte individualismo de Nietzsche, solo que también aquí va demasiado lejos cuando se contradice con su menosprecio del hombre normal. Tiene a cada uno por un *unicum*, y niega la justificación de leyes que vinculen de forma general.

¿Qué quiere enseñar, en fin, Nietzsche, en *Así habló Zaratustra*? Ya hemos dicho que Nietzsche creyó haber creado un nuevo Evangelio en esta obra y que ha reproducido en ella incluso la forma de las Sagradas Escrituras, sin que sea esto algo que podamos aceptar. Aunque el lenguaje antiguo también ofrece las ventajas de una gran energía y fuerza, no es capaz de reproducir nuestras sensaciones ni los pensamientos modernos, que son más refinados. Por eso, quien se sirve de este lenguaje no podrá eludir las groseras repercusiones que provocarán sus pensamientos, como también se pone de manifiesto con claridad en la obra de Nietzsche. William Salter ha encontrado, en el libro que pronto trataremos, un tono mucho más adecuado para impartir una doctrina dirigida a enardecer los corazones.

El pensamiento que se encuentra en el fondo de *Zaratustra* es una consecuencia del darwinismo, y ya había sido expresado repetidamente antes de Nietzsche. No obstante, debe concedérsele a este haberlo concebido de manera más afectiva *[affektiver]* que cualquier otro. Sin embargo, como le sucede a menudo, Nietzsche es desviado por el afecto, de manera que apunta muy por encima y mucho más lejos de la meta.

145

Escritos sobre feminismo, ateísmo y pesimismo

Citaremos los principales pasajes del primer discurso de Zaratustra, en el que este se dirige a la muchedumbre del pueblo reunida, para que el lector deduzca de las palabras del héroe los principales pensamientos del libro y se haga una representación de cómo hace hablar el autor a Zaratustra[64].

Yo os enseño el superhombre. El hombre es algo que ha de ser superado. ¿Qué habéis hecho para superarlo?

Todos los seres han creado hasta ahora algo por encima de ellos mismos: ¿y queréis ser vosotros el reflujo de esa gran marea y retroceder al animal más bien que superar al hombre?

¿Qué es el mono para el hombre? Una irrisión o una vergüenza dolorosa. Y justo eso es lo que el hombre debe ser para el superhombre: una irrisión o una vergüenza dolorosa.

Habéis recorrido el camino que lleva desde el gusano hasta el hombre, y muchas cosas en vosotros continúan siendo gusano. En otro tiempo fuisteis monos, y aun ahora es el hombre más mono que cualquier mono.

Y el más sabio de vosotros es tan solo un ser escindido, híbrido de planta y fantasma. ¿Pero os mando yo que os convirtáis en fantasmas o plantas?

¡Mirad, yo os enseño el superhombre!

El superhombre es el sentido de la tierra. Diga vuestra voluntad: ¡sea el superhombre el sentido de la tierra!

¡Yo os conjuro, hermanos míos, *permaneced fieles a la tierra* y no creáis a quienes os hablan de esperanzas sobreterrenales! Son envenenadores, lo sepan o no.

Son despreciadores de la vida, son moribundos y están, ellos también, envenenados, la tierra está cansada de ellos: ¡ojalá desaparezcan!

---

[64] P. 9 y ss. [Nietzsche, F., *Así habló Zaratustra*, ed. de A. Sánchez Pascual, Alianza Editorial, Madrid, 1979, I, Prólogo de Zaratustra, §§ 3-4, pp. 34-36].

Intentos modernos de sustituir a la religión

En otro tiempo el delito contra Dios era el máximo delito, pero Dios ha muerto y con Él han muerto también esos delincuentes. ¡Ahora lo más horrible es delinquir contra la tierra y apreciar las entrañas de lo inescrutable más que el sentido de aquella! [...]
¿Cuál es la máxima vivencia que vosotros podéis tener? La hora del gran desprecio. La hora en que incluso vuestra felicidad se os convierta en náusea, y eso mismo ocurra con vuestra razón y con vuestra virtud.
La hora en que digáis: «¡Qué importa mi felicidad! Es pobreza y suciedad y un lamentable bienestar. ¡Sin embargo, mi felicidad debería justificar incluso la existencia!».
La hora en que digáis: «¡Qué importa mi razón! ¿Ansía ella el saber lo mismo que el león su alimento? ¡Es pobreza y suciedad y un lamentable bienestar!».[...]
La hora en que digáis: «¡Qué importa mi justicia! No veo que yo sea un carbón ardiente. ¡Mas el justo es un carbón ardiente!».
La hora en que digáis: «¿Qué importa mi compasión! ¿No es la compasión acaso la cruz en la que es clavado quien ama a los hombres? Pero mi compasión no es crucifixión».
¿Habéis hablado ya así? ¿Habéis gritado ya así? ¡Ah, ojalá os hubiese yo oído gritar así!
¡No vuestro pecado, vuestra moderación es lo que clama al cielo; vuestra mezquindad hasta en vuestro pecado es lo que clama al cielo!
¿Dónde está el rayo que os lama con su lengua? ¿Dónde la demencia que habría que inocularos?
Mirad, yo os enseño el superhombre: ¡él es ese rayo, él es esa demencia!
El hombre es una cuerda tendida entre el animal y el superhombre, una cuerda sobre un abismo.
Un peligroso pasar al otro lado, un peligroso caminar, un peligroso mirar atrás, un peligroso estremecerse y pararse.

La grandeza del hombre está en ser un puente y no una meta: lo que en el hombre se puede amar es que es un *tránsito* y un *ocaso*.[65]

Hay que advertir, en primer lugar, que la posición que se le concede al hombre de *Zaratustra* no es en absoluto alentadora. Aunque el hombre ha de efectuar el tránsito a un orden superior, es un pensamiento feo e indigno pensarlo respecto de este orden en una relación igual a la del mono respecto del hombre. ¡Qué exigencia! ¡Que el hombre, según esto, haya de tender a producir un tipo superior, ante el cual él será solamente «una irrisión o una vergüenza dolorosa»! ¿Y qué decir de la pretensión de que el hombre hasta ahora no ha producido nada por encima de sí mismo mientras que lo han hecho todos los demás seres vivos? Se debe lamentar encontrar en un escritor como Nietzsche unos pensamientos tan equivocados.

[65] Que el pensamiento de este «tránsito» y «ocaso» del hombre ha despertado de un modo completamente súbito en Nietzsche, lo vemos en el siguiente pasaje de *Aurora*, donde él mismo da expresión a la intuición contrapuesta: «Antiguamente se procuraba despertar el sentimiento de soberanía del hombre mostrando su *origen* divino; esta ha llegado a ser una senda vedada, pues a la entrada de ella está el mono con otros animales de catadura no menos espantable. Por esto se hacen tentativas para adelantar en la dirección opuesta: el camino que sigue la humanidad debe servir de prueba de su soberanía y de su naturaleza divina. Mas ¡ay! Tampoco se consigue nada. [...] Cualquiera que sea el grado de superioridad que puede alcanzar la evolución humana —y acaso será, al fin, inferior a lo que fue al principio—, no hay para ella medio de pasar a un orden superior, como la hormiga u otro insecto; terminada su carrera terrestre no entran en la eternidad ni van a reposar en el seno de Dios. El *devenir* arrastra tras de sí lo que fue en el pasado. ¿Cómo habría de hacerse una excepción de ese eterno espectáculo por un pequeño planeta y una mísera especie de ese planeta? Dejémonos de tales sentimentalismos» [Nietzsche, F., *Aurora, op. cit.*, § 49, pp. 34-35].

Intentos modernos de sustituir a la religión

Además, siempre puede plantearse como posibilidad que el hombre llegue a transitar algún día a un orden superior, pero en absoluto puede plantearse como una certeza. Es posible un perfeccionamiento extraordinario del hombre sin que los seres ideales del futuro hubiesen superado ya el tipo humano. Aquellas propiedades que Nietzsche resalta como características del superhombre han sido, de hecho, encarnadas en el genio humano, pero puesto que el superhombre debe descollar manifiestamente sobre el genio, Nietzsche no nos da ningún punto de referencia acerca de cómo tenemos que representárnoslo. Pero si el superhombre no es ninguna certeza, entonces, ya por este motivo, no se deja plantear como meta del tender humano. No cabría hacerlo, incluso suponiendo que aquel tránsito fuese seguro, porque nosotros no conocemos las condiciones del surgimiento de un nuevo tipo, y porque el ideal del tender humano, en general, no tolera ninguna personificación determinada, sino que crece con el conocimiento del hombre, y cuanto más elevado es el hombre, tanto más alto es su ideal. También el superhombre sería solamente la realización de un determinado grado de desarrollo del ideal —por consiguiente, tampoco puede ser planteado como la última meta—.

Así que el pensamiento fundamental del *Zaratustra* se prueba erróneo desde cualquier punto de vista. No obstante, la obra, considerada como un todo, pertenece a las manifestaciones más peculiares de la literatura paradójica [*paradoxen Literatur*].

VII

Ahora tenemos que hablar de otros tres pensadores, cada uno de los cuales ha destacado un sustituto superior de la religión, de una manera más o menos efectiva, sin que, sin embargo, ninguno de ellos haya resuelto el problema completamente. Son Julius Duboc, en su obra *El optimismo como cosmovisión en su significación ético-religiosa para el presente*[66]; luego, Eugen Dühring, en *La sustitución de la religión por algo más perfecto, y la eliminación de todo judaísmo del espíritu de los pueblos modernos*[67]; y, finalmente, William Mackintire Salter, en *Religión de la moral*[68].

Duboc, en lo que respecta a la relación del hombre con Dios, diferencia en la religión dos esferas: la práctica y la estética.

Cuando el hombre, en el ámbito de la representación religiosa, sobre todo en su forma más popular, considera la fe en Dios y en la inmortalidad, en el Dios que *ayuda, aconseja y consuela*, en el supremo conductor y legislador al que se aproxima espiritualmente, en la representación o íntimamente, con deseo y sensación de agradecimiento, entonces se mueve y permanece en la esfera práctica. […] Pero junto a, o por encima de esta, se extiende como un rutilante arco iris, otra esfera. Está iluminada como por una luz misteriosa y envuelta en una suerte de enigmático sonido del más allá. De hecho, en su relación con el interior del hombre, no es ciertamente nada más que la influencia de la fantasía y del ánimo, que se entregan, en todos esos momentos religiosos, a la impresión de que existe un conductor superior que juzga rectamente en la pervivencia sobre la tumba y la muerte, que supera nuestra transitoriedad visible y sensible, etc., y alrededor de la cual el hombre existe entretejiendo la *fundamentación de una*

[66] *Der Optimismus als Weltanschauung*, Bonn, 1881.
[67] *Ersatz der Religion durch Vollkommeneres und Ausscheidung alles Judentums aus dem modernen Völkergeiste*, Karlsruhe, 1883.
[68] *Ethical religion*, [*Religion und moral*], edición alemana elaborada por Georg von Zizycki, Leipzig y Berlín, 1885.

Intentos modernos de sustituir a la religión

relación inalcanzable con el ser, más elevada, sublime y racional. En la medida en que el efecto de esta impresión alcanza al hombre, en tanto él la lleva consigo, anima y cumple; en la medida en que sobre este fundamento se construye su ser religioso singular, en esa medida, tal impresión ha de adjudicarse exclusivamente al lado estético.

Al dirigirse contra la «inmanencia» de nuestro tiempo, es decir, ante el estar preso de los intereses puramente humanos, o, en otras palabras, contra el actual «declive de la conciencia religiosa», Duboc quiere justificar aquella impresión de la «fundamentación de una relación inalcanzable con el ser más elevada, sublime y racional», como algo independiente de aquella norma religiosa positiva, y fundamentarla sobre el estado de cosas. Incluso sin la fe en Dios, debemos ver que un misterio nos envuelve y captarlo con un sentimiento religioso y de respeto. Pero la existencia de un misterio del mundo es algo que deberá admitir cualquier pensador perspicaz. Ahora bien, para Duboc aquel misterio de mundo consiste —o él solamente quiere darse cuenta de este momento del misterio— en la infinitud e inmensidad del proceso del mundo. Mas la impresión anímica que está en cuestión, la determina Duboc de la siguiente manera[69]:

> La impresión anímica más universal (o sea, la de una relación elevada, sublime e insondable con el ser), cuando la separamos de todos los demás momentos que la rodean, pero que no proceden de ella misma, ha de designarse como un cierto *verse estéticamente conmovido,* con recogimiento y elevación. Cualquier misterio que nos produce *estremecimiento y temor* debe ser, por eso, precisamente, un misterio *sublime* que designa en

[69] P. 88.

esta dirección la más extrema contraposición de todo lo terrible, estando ahí, además, como algo *tan grande y extraordinario* que no solamente es captado por la *apetencia de conocimiento* como un objeto apropiado de la investigación, sino también de una forma tan *seria* que la *curiosidad* se acalla ante él, provocando en cualquier hombre receptivo esta clase de conmoción.

Este es el carácter que muestra el misterio, tal como hace acto de presencia en la religión; pero también fuera de la misma existe algo parecido. La necesidad de elevarse hacia la idea, o más bien, captarla con el sentimiento, es algo que ha perdido el hombre moderno. Mientras la *infinitud* en millones de estrellas se despliega sobre nuestras cabezas, mientras el proceso del desarrollo cósmico se cumple en procesos y formas *inabarcables con la vista*, subsiste un misterio que trasciende nuestra esfera conceptual, y todo esto es para nosotros solamente un juego aritmético, una curiosidad: las cosas más elevadas bastan, como mucho, para satisfacer nuestra ansia de saber y curiosidad. Si el hombre religioso, que abriga cierto temor ante *su* misterio, considera como una ofensa a su Dios personal que se quisiese presentarlo ante él solamente como un objeto de investigación, para la humanidad incrédula este impedimento desaparece. Duboc concede que este «verse estéticamente conmovido con recogimiento y elevación» depende de la capacidad individual, del sentimiento, del grado de formación de cada uno, pero considera que el motivo para ello está objetivamente dado.

Ahora bien, para que nosotros concibamos el misterio del mundo como algo «sublime» que introduce en nosotros respeto y no temor, debemos conocer, ante todo, que hay un *sentido* contenido en el proceso del universo, mientras que el pesimismo no ve en él más que *carencia de sentido [Sinnlosigkeit]*. Duboc busca probar el «sentido» del proceso cósmico

Intentos modernos de sustituir a la religión

explicando primero el sentido del tender humano, y de ahí extrae una conclusión para el proceso del mundo. Mas el sentido del tender humano consiste, empero, en que todo tender es un tender hacia el *mejoramiento,* hacia una modificación provechosa. «Pero el mejoramiento contiene al mismo tiempo, aunque también de forma inconsciente, la mejora, el progreso hacia un grado de existencia superior, *transfigurado* en verdad, pues en el conocer se encuentra, ciertamente, junto a la *explicación* también la *purificación*»[70]. Pasando luego Duboc a responder la pregunta sobre cómo se plantea la relación con el proceso del mundo, dice:

> Una vez que he adquirido un derecho de enunciar lo dado como sentido del ser, allí donde se cumple un tender que actúa en la proximidad de la conciencia y, por consiguiente, en el hombre y otras criaturas vivientes, de él se deriva el derecho de tomar la expresión en un sentido cósmico, de trasladarla al proceso del mundo; y, por otra parte, la significación en la que esto ha de tomarse. Si en todo tender se encuentra [...] el contenido del sentir, solo que de forma cambiada, el sentir es el hecho fundamental del proceso vital en general, en el que alcanza expresión y lo condiciona; y así, también la prosecución del desarrollo vital como contenido del tender, como sentido del ser, es el sentido del proceso del mundo, es decir, la *constitución esencial* del mismo, el *centro de gravedad* en la dirección de su cumplimiento, su forma de movimiento *necesaria* y por eso también *cierta*.

Admitido esto, parece que la caracterización del misterio del mundo como algo «sublime» se contrapone, sin embargo, a la circunstancia de que el *individuo se vea sacrificado en el proceso del mundo* pudiendo, en cualquier momento, «caer

[70] P. 172.

bajo las ruedas de la ruina y ser aplastado, dañado sin piedad»[71]. Duboc es el último en querer negar el mal en el mundo y lo reconoce en todo su terrible poder; pero lo expone a la vez de una manera tan sutil, que el mal y el padecimiento del mundo tienen la misma necesidad que la que caracteriza al *devenir*.

Da lo mismo si le otorgamos a la misma un trasfondo metafísico o físico: la *necesidad de la existencia del devenir* —vale para ambos puntos de vista— condiciona su manifestación desde los comienzos más bajos; en él hay un ascenso y un descenso junto con el arrastre y rechazo de muchas partes; en suma, un proceso, en el que hay innumerables víctimas, que son apartadas. Ese ingente padecimiento, ese enorme compendio de dolor cósmico, no puede *verse* más que como algo que es puesto tan solo para que *llegue* a comprenderse que, en el transcurso de las generaciones, la claridad solo se desarrolla a partir de estimulaciones instintivas, oscuros impulsos, y componentes ínfimos, y que la suma de esa claridad, aumentando a través las generaciones siguientes, les podrá ahorrar a estas un padecimiento del que eran dependientes hasta ahora.

Según esto, el proceso del mundo, considerado como un todo, a pesar del sacrificio del individuo, no muestra otra cosa que un:

[…] abrirse paso de la luz desde la oscuridad, del orden a partir del caos, y una superación de la necesidad y de las cadenas de la servidumbre para que surjan la libertad y el bienestar. Es un *proceso de configuración de la luz [Lichtgestaltungsproceß]*, en el que *todo* está implicado y que nadie puede evitar, escoja como quiera

[71] P. 230.

Intentos modernos de sustituir a la religión

su posición (en la medida en que puede hablarse de elección), solo que la implicación parcial del particular puede configurarse de forma activa o pasiva. El destino de la humanidad se presenta bajo la imagen de un hombre que, enfrentado a desgracias y penalidades de todo tipo —para cuya superación, empero, cuenta con fuerza suficiente—, lucha contra ellas y dedica todas sus fuerzas a la luz, la libertad y la belleza. Y en este destino, que consiste en un luchar y superar victorioso, no se encuentra nada que pueda cancelar el carácter de lo sublime.

Pero no basta con *saber* esto, también hay que *sentirlo*. Al captar afectivamente el pensamiento del progreso del mundo nos entregamos al mismo con un recogimiento que nos embarga, al menos en ciertos momentos; y, al mismo tiempo, nos elevamos por encima de la tierra, de nuestra individualidad y de sus relaciones respecto de nosotros, alzándonos también, por tanto, por encima de la compasión y, en la medida de lo posible, por encima del propio padecimiento y dolor. A través de la confianza en el progreso en el proceso del mundo o el optimismo en el sentido científico de la palabra, superamos el peligro «de perder, debido al efecto del dolor sobre nuestro sentir terrenal, el carácter elevado del misterio del mundo, y con ello la religiosidad, el sentir estético-religioso». Con esto, el autor, en lo que de él depende, ha lanzado un puente desde el simple *concebir* el mal del mundo en el sentido del optimismo, como un momento del proceso de desarrollo, hacia el lado del sentimiento estético del hombre. Mediante la liberación, mediante el despegarse de la individualidad y la elevación a una esfera superior, el hombre se llena de una paz y una alegría que son el «puro reflejo de lo sublime»; pero, a la vez, esta elevación estética es un digno ejercicio de preparación para la muerte, entendida como el completo extinguirse de la conciencia individual. Con esto, Duboc piensa las esferas práctica y estética como ámbitos que no se contraponen en absoluto, como sí sucede, de hecho, en el caso del cristianismo.

Nunca podrá destacarse lo suficiente —así suenan las frases finales de este interesante libro, que a la vez explican la significación del optimismo para el comportamiento ético del hombre, resumiendo todo lo anteriormente dicho—, que en esta concepción religiosa no existe ninguna clase de contraposición o enemistad hacia la esfera del individuo ni hacia los fines y esfuerzos que se construyen sobre él. ¡Nos sabemos ligados en cada fase de la vida entera a la misma, con los más estrechos vínculos *legítimos* de la eticidad, la simpatía, la necesidad! Desde luego, en la elevación religiosa debemos abandonar al individuo y perdernos a nosotros mismos como tales cuando se extinguen los gritos de dolor de nuestra naturaleza sensible y hacer que nos llegue el misterio sublime del mundo, que hemos captado en la conciencia, y también como armonía en la esfera del sentimiento. Pero solo somos capaces de esto cuando nuestro trabajo vital se encuentra dirigido en este sentido. Lo sublime existe solamente en la medida en que llega a ser; pero, asimismo, existe solamente para aquel a través del cual llega a ser, y solo llega a ser si surge de la mano de la humanidad. En cuanto el punto de vista optimista llega por necesidad a concebir la maldad del mundo como una distorsión de la imagen que dicho mundo nos ofrece, él produce desde sí mismo, partiendo de su pensamiento ético-estético fundamental, aquello que ha sido en todos los tiempos la mejor cara de toda religión, su trabajo de redención, que todo lo abarca.

Ha de concedérsele a Duboc el mérito de haber sacado a la palestra algún argumento sólido contra el pesimismo y haber apoyado fuertemente la idea del progreso en el proceso del mundo. No vamos a negar que ambas cosas —la refutación del pesimismo y la fundamentación del proceso del mundo—

pueden expresarse de una manera más enérgica. No obstante, la fundamentación del optimismo constituye tan solo el presupuesto necesario para el impresionante sentimiento de emoción que surge al captar el proceso del mundo en su conjunto, en la medida en que este resulta conocido, por una parte, mientras que por otra permanece como un misterio; y es un gran mérito de nuestro filósofo haber captado afectivamente este momento separándolo por vez primera de cualquier norma religiosa. La principal carencia de la obra de Duboc es la determinación unilateral de su concepto del misterio del mundo. Duboc piensa con ello la inconmensurabilidad e indeterminación del proceso del mundo en la sucesión de los tiempos, o designa más bien como objeto de exaltación religiosa solo este aspecto del gran misterio. Con todo, más aún que el misterio del devenir, ha de tenerse a la vista la esencia más profunda y el fundamento originario de todo ser, un misterio al cual Duboc apunta, desde luego, pero sin concederle, sin embargo, el lugar que merece[72].

Pero, además, en Duboc el afecto, por el cual se ve transportado el espíritu receptivo mediante la captación del proceso y el misterio del mundo, no se encuentra precisado en el sentido de una cosmovisión realmente ilustrada. Como reza el título de su libro, Duboc no diferencia suficientemente entre los estremecimientos de alguien religioso, por una parte, y los del piadoso prosélito de la nueva doctrina, por otra. El respeto que adviene al hombre ilustrado moderno ante la totalidad y el

---

[72] Únicamente en la conciencia de que un misterio nos envuelve, de que hay una última causa impersonal, es donde quiere atisbar Gaetano Negri la posibilidad de encontrar un sustituto de la religión, como expone en el libro *La crisis religiosa* (Dumolard, Milán, 1877; traducido al alemán por G. Conrad, Breslau, 1878). La significación del libro radica en su aguerrida polémica contra el cristianismo.

misterio del mundo debe diferenciarse, sin embargo, del que caracteriza al creyente ante su Dios; y si nosotros nos abstenemos prudentemente de investigar los últimos fundamentos del ser, esto no ha de suceder por un recelo sagrado, sino porque comprendemos que no podemos saber nada más allá de un determinado límite. Con una base representativa diferente, los sentimientos con los que captamos la totalidad del mundo en la nueva doctrina han de adquirir necesariamente un matiz distinto de la religión, mientras que a Duboc le gustaría dejarles a los mismos su carácter religioso, con lo que comete un error, pues aquí no se trata, como cree Duboc, de una religión ateísta, sino de un sustituto superior de la religión.

A pesar de este juicio equivocado sobre aquello de lo que se está propiamente tratando, Duboc ha producido cosas esencialmente útiles para la nueva doctrina.

VIII

Nuestro problema se ha visto decisivamente incentivado gracias al libro de Dühring *La sustitución de la religión por algo más perfecto, y la eliminación de todo judaísmo del espíritu de los pueblos modernos*.

Entre todos los pensadores mencionados hasta ahora, este autor es quien más francamente ha roto con la religión. Dühring se ha liberado casi por completo de todos los ecos religiosos, aunque ciertamente no sin haber perdido junto con la religión el sentimiento para las relaciones del hombre hacia la totalidad del mundo, que existen objetivamente, y también por eso han de ser sentidas subjetivamente. Tanto en este como en algún otro punto de vista, se contrapone ásperamente a Duboc.

Nosotros vamos a pasar de largo sobre la parte polémica del libro, que está dirigida contra el semitismo y explica que este es completamente inconciliable con el espíritu de los pueblos

Intentos modernos de sustituir a la religión

actuales. Aquí solamente nos interesa el pensamiento con el que Dühring cree haber ofrecido un sustituto perfecto para el cristianismo.

Para Dühring está claro que, así como el cristianismo y la cosmovisión que se encuentra en su fundamento han partido de una nación que ocupa una posición relativamente baja en la escala de los pueblos, la cosmovisión sustitutiva debe vincularse a las buenas cualidades de la estirpe de los pueblos modernos, en los que Dühring ve, a la postre, la mejor conformación que hasta ahora ha tenido la humanidad. «Una dirección espiritual que no deba descartarse de nuevo —dice Dühring—, debe fundamentarse en el carácter fisiológico de los pueblos implicados».

¿En qué medida, empero, ha de pensarse el espíritu de los pueblos modernos, considerado en sus mejores rasgos, como el punto de partida de una nueva doctrina? Tomándolo como principio de una caracterización del fundamento originario de los seres. Si Duboc ha tenido a la vista, esencialmente, la caracterización del proceso del mundo, Dühring retrocede al fundamento del mundo —prescindiremos, por ahora, de la manera en que concibe este—. Ambos pensadores se complementan, pues, en lo que se refiere al sustituto de la religión, pues muestran que tanto el fundamento como el proceso del mundo deben captarse con la misma intensidad.

A la primera era de la humanidad, la asiática, donde pueblos que son relativamente inferiores, pero más antiguos, han imprimido su sello sobre los más jóvenes, ha de seguirle la europea, en la cual los pueblos cultos modernos, especialmente los germánicos, tras haberse sacudido cualquier elemento asiático, como si fuese una infección dañina, y después de sumergirse en su propia esencia, han creado una nueva cosmovisión y dirección espiritual que, naturalmente, resulta de su mejor carácter racial.

Lo cierto es que, dependiendo de cómo esté constituido un individuo particular o un pueblo, así resultará también su relación con lo general y su captación de este último. El hombre humilde, el pueblo bajo, no podrá dejar de traicionar su propia limitación y su falta de vida espiritual y anímica también en su concepción de la naturaleza, mientras que el hombre y el pueblo superiores, debido asimismo a su naturaleza, deben poseer una mejor representación de los últimos fundamentos de todo ser o, al menos, ser capaces de una concepción superior de los mismos. La relación fundamental del hombre superior hacia la naturaleza es completamente distinta de la que posee el hombre inferior. Aquel es libre frente a la naturaleza, y no se postra arrastrándose por el polvo ante ella. Sin embargo, Dühring va demasiado lejos en la acentuación de la libre posición del hombre hacia la naturaleza, cuando no concede espacio alguno al sentimiento de *estar condicionado* por la misma ni al *respeto* que suscita la extraordinaria totalidad del mundo. El hombre de Dühring es desmedidamente orgulloso, y se tiene, asimismo, por su propio creador, cuando tan solo es un *hijo libre [freier Sohn]* de la naturaleza; no reconoce ningún misterio ante el que debiera enmudecer, ni existe para él en absoluto el olvido de sí mismo ante el proceso del mundo.

Dühring, de manera muy correcta, basa la justificación de la *plena confianza* en el carácter nuclear de las cosas por parte del hombre noble, en el hecho de la propia existencia de este último.

El carácter noble permanece siempre, efectivamente, como una instancia que, en medio de una múltiple corrupción, testifica a favor de la existencia de lo bueno. Quien es él mismo bueno, tampoco puede, por eso mismo, perder nunca por completo su creencia en el bien. Él mismo llega a ser, al menos, un ejemplo de que no todo es malo. Ahora bien, sería un pensamiento ex-

Intentos modernos de sustituir a la religión

tremadamente contradictorio dejar valer tal ejemplo de lo bueno y disputar sobre la existencia, en el fondo de todo ser, de una tendencia hacia el bien. Si no hubiese existido esta tendencia, ¿cómo habría podido llegar a existir efectivamente lo bueno? Esto supondría dudar, por consiguiente, de lo bueno en uno mismo para no encontrarlo en el fondo de todo ser.[73]

Según esto, el fundamento de las cosas puede concebirse, él mismo, como carácter, y ciertamente, como buen carácter; y solo porque sucede esto es posible una cosmovisión moral y mantiene la moral un punto firme de apoyo. Si la moral no se entiende de un modo absoluto, entonces deja de existir. «La moral más firme debe, a la postre, ser pulverizada para la masa humana en el polvo, si la impronta permanente de las cosas se da continuamente como algo que contradice dicha moral»[74].

Si Duboc quería probar que el mal solamente es un momento necesario del devenir en el proceso del mundo, Dühring se propone probar que el mal, cuya existencia naturalmente no puede negarse, es algo que no se proyecta propiamente en el fondo de las cosas. De manera que también aquí se complementan ambos pensadores[75].

El mal solo está incluido indirectamente —es decir, no propiamente él mismo como tal, sino solo su posibilidad— en la disposición del mundo, y se encuentra siempre *unido a un efecto retroactivo que se dirige contra el mismo en el curso de las cosas*. Si se considera esto de forma artificiosa y se mira por encima de aquel efecto retroactivo, a través del cual es principalmente arrojado como hecho, la falsa apariencia parece entonces como si

[73] P. 139.
[74] P. 163.
[75] P. 166.

lo dominase todo, en su gloria absoluta. Es como si aquello que debe ser y no puede ser de otra manera fuese tan solo la puerta abierta a todos los caminos y desviaciones posibles. Cuando el desvío no se caracteriza meramente como tal, sino que también es como si condujese a un muro impenetrable, esos límites son suficientes para satisfacer a la justicia.

Dühring es muy consciente de que pueden plantearse fácilmente objeciones a su principio de dejar reposar lo característico del ser sobre el contenido de los tipos de caracteres humanos: «Tan solo se necesita sostener descaradamente que toda caracterización de esta clase del ser y de la naturaleza es subjetiva y groseramente antropomórfica». Dühring argumenta, con razón, contra este reproche diciendo que:

[…] también el antropomorfismo está justificado si se lo entiende en cierto sentido. Pues precisamente el hombre no tiene otra cosa que el contenido de la esencia humana para caracterizar el conjunto de las cosas. No es en el núcleo de su ser, sino solamente en los accidentes donde tiene que renunciar a la caracterización. Él tiene el ojo para ver el mundo, pero no para albergar la estúpida imaginación de que el mundo, o el Dios que está puesto a la base del mismo, sea un ojo.

Ahora bien, Dühring concibe el fundamento originario de las cosas de forma materialista, pero no se necesita compartir este punto de vista para estar de acuerdo con su principio de utilizar el espíritu de los pueblos modernos para caracterizar el fundamento último, sea cual sea la manera en que lo pensemos. Aparentemente, solo existe una limitación en el pensamiento de caracterizar el fundamento más profundo de la naturaleza a partir de las ventajas nacionales. Estas ventajas nacionales que están en cuestión son precisamente

Intentos modernos de sustituir a la religión

las manifestaciones hasta ahora más elevadas de la moral de los pueblos. Pero las leyes de la moral tienen sus raíces en el fundamento más profundo de las cosas. El hombre más noble, el pueblo más noble, tiene con esto el derecho de pensarse, con sus propiedades morales, en la más íntima conexión con el carácter nuclear de las cosas, una cosmovisión que, por su parte, no puede fallar a la hora de llenar también de renovada alegría y animar a lo bueno a los mejores hombres, ya que esa concepción ha surgido de su propia esencia.

El presupuesto que parte de caracterizar al fundamento conforme a la propia constitución es una necesidad propia del entendimiento más sano y del mejor ánimo, y esto es cosa que se puede atestiguar a través de la investigación. «Así tenía Copérnico precisamente la creencia de que el sistema de la naturaleza debía ser simple y armónico, y no tan lioso y equivocado como lo exponían los astrónomos ignorantes». En esta forma de concebir las cosas, el hombre no se sitúa ya como un extraño frente a la totalidad del mundo, considerándolo como un simple mecanismo, o un juego de fuerzas físicas,

[...] porque son también los efectos los que conducen al hombre y lo satisfacen; y, por consiguiente, también lo hacen todas las relaciones bien trabadas entre lo que no siente y el que siente. No es cosa del mero entendimiento, sino que también se trata, para el ánimo del ser sensible, de una participación en la disposición del mundo; y esta verdad, que captaron los griegos, la han alcanzado más ampliamente que nunca los pueblos actuales, que ingresan en ella con un ánimo ennoblecido y ven el fundamento del mundo a la luz de sus propios impulsos más nobles.

Dühring destaca, muy acertadamente, que el espíritu más noble solo puede sentirse emparentado con el bien de este mundo y de ningún modo indiscriminadamente con todos y cada uno. El sentimiento comunitario necesita, sin embargo, otra determinación más próxima. Nosotros no podemos sentirnos idénticos con el fundamento de todas las cosas, aunque hayamos surgido de él.

Igual que toda compasión verdadera por la alegría y el dolor de otro no tiene nada que ver con el propio interés y destino, y no puede surgir de que se piense él mismo en el puesto del otro, sino que surge de pensar en el otro de un modo desinteresado; del mismo modo que, en este caso, la causa natural de la compasión actúa aquí de tal modo que con ella el hombre se libera del interés propio, también el entendimiento que simpatiza con el carácter nuclear o el sentido universal de lo bueno solo es posible porque nos estimulan sus propiedades, pero no nuestras disposiciones. Lo bueno y armonioso del ser, así como las concepciones verdaderas acerca de él, nos deben estimular por entero como algo dispuesto fuera de nuestro yo; si no, caemos en un autoengaño.

Nosotros coincidimos idealmente con el carácter nuclear de las cosas mediante el sentimiento comunitario, pero además coincidimos materialmente; primero, por el lado de aquellas raíces que alcanzan lo imperecedero, y, en segundo lugar, a causa de los estímulos vitales «que nos llegan a través de las fuerzas naturales y de los demás seres humanos».

La cosmovisión que hemos esbozado aquí en breves rasgos, y en la que a menudo hemos dejado hablar al filósofo mismo, no solo es apropiada para dar un impulso salvador al hombre que *se esfuerza* [strebende Menschen] sino también para ofrecer un consuelo al *moribundo* [Sterbenden], pues le enseña a pensar confiadamente en el fundamento de las cosas y en la persistencia del bien.

Por lo que se refiere a cómo conducirse en la vida, Dühring plantea a las mejores naciones la tarea de manifestar sus más

Intentos modernos de sustituir a la religión

nobles rasgos de estirpe. Esto solo puede hacerse si tales rasgos son objeto de un entrenamiento especial. Este carácter de los pueblos modernos, con sus impulsos de libertad y su respectiva capacidad para una medida superior de justicia, confianza y fidelidad, es lo que hay que convertir en objeto directo de cultivo, tanto doctrinalmente como en la vida pública. Todas las instituciones, desde la familia al Estado, esto es, hasta la forma conjunta de la vida comunitaria social, han de concebirse y desarrollarse como algo que procede y se sustenta en los principios que fluyen de aquel carácter. Estos principios deben conocerse públicamente, y debe apuntarse expresamente a ellos como el fundamento de cualquier institución sostenible. El Estado moderno necesita una bandera, que es más que la mera moral, en el sentido habitualmente limitado, y a menudo muy indeterminado, de la palabra. La moral se representa habitualmente con una falsa unilateralidad, como si fuese ella la primera causa de un mejor comportamiento, y como si el carácter surgiese de ella. Más bien sucede lo contrario: es el carácter la causa de la moral. Ya en la vida particular se puede observar cuán esencialmente surgen las buenas acciones del buen carácter. El carácter bueno por naturaleza, y mejorado por la práctica, es la fuente de los mejores principios y de las mejores maneras de comportarse[76]. Y más adelante leemos:

> El sustituto del culto [religioso] ha de consistir no meramente en una doctrina, sino también en una *formación sistemática de firmes hábitos del pensar, sentir y hacer*. Naturalmente, aquí se habla de pensamientos, sentimientos y acciones solo en la medida en que ellos se refieren a la intuición del mundo y de la vida. La tarea principal es aquí introducir la imagen de una concepción moral del mundo en su conjunto en las cabezas y caracteres; pues lo

[76] P. 197.

que aquí es suficiente no es el concepto habitual de moral, sino solamente el de una concepción del mundo y del ser que concuerde con la mejor moral de los pueblos y en la cual esta moral encuentre una confirmación y, a su vez, un apoyo universal.

Un medio principal de comunicación, más que la escritura, será la comunicación oral, ya sea mediante el diálogo o mediante conferencias, no pudiendo tener estas últimas, sin embargo, el carácter de prédicas. Dühring considera útil la formación de cooperativas y comunidades, y aunque él se encuentra muy alejado de proponer órganos que debieran sustituir a los sacerdotes para la nueva doctrina, aún considera necesarios para el período de transición portadores e intérpretes especiales de la nueva dirección espiritual.

La nueva concepción del mundo incluye también el cultivo de la ciencia, pero no de la ciencia en general, sino de aquella «mediante la cual se forma la confianza sobre el orden del mundo y del ser, y el sentido para la justicia, perceptible en el orden de la naturaleza».

La nueva doctrina cambiará también el carácter del arte, igual que lo hará con la vida, en la medida en que su tarea será traer a una expresión más intensa las propiedades de la estirpe de los nuevos pueblos, llegando así a ser nacional, en un sentido verdadero y elevado. «Para ejemplificar esta disposición de una manera muy especial, y como si fuese un ejemplo doméstico, el arte alemán deberá, ante todo, traer a expresión plástica y pictórica los ideales alemanes según todas las direcciones de su ser, a través de una profundización creadora de los componentes de su carácter». En esta, y en otras manifestaciones sobre el arte del futuro, se podría añadir alguna observación, que nosotros, sin embargo, dejaremos de lado, porque lo que nos ocupa son simplemente los principales pensamientos de la obra. La moral recibe en la

Intentos modernos de sustituir a la religión

nueva doctrina una significación superior, desde el momento en que, a diferencia de la moral palestino-cristiana, la cual contiene «una mezcla de paradojas inutilizables, e incluso de contrasentidos», que no contienen ni una pizca de libertad ni de dignidad (una crítica que nosotros suscribimos, punto por punto), se refiere a todas las capacidades y procesos que brotan de las mejores naturalezas de los pueblos.

En el último capítulo de su obra, que está llena de contenido, y que en más de un sentido hace época, explica el filósofo cómo habría de ser puesta en práctica la nueva doctrina, que malamente llama también dirección de espíritu, en el Estado y en la sociedad.

Dühring se da cuenta de que también la nueva doctrina, igual que la religión, tiene, ante todo, significación para el individuo particular; pero, sin embargo, igual que la religión, habrá de influir, evidentemente, en las principales instituciones del Estado y de la sociedad, aunque tales instituciones no estén en absoluto fundamentadas en ella; así que también el sustituto de la religión deberá influir en el Estado y en la sociedad. Si se tratase en la religión, por tanto, solo de un ingrediente añadido a unos fundamentos del Estado y de la sociedad, que surgen de otras fuentes, entonces este ingrediente se configura perfectamente en el sustituto de la religión. Ahora bien, para que la conducción espiritual pueda entrar con fuerza en el Estado, deberá liberarse, ante todo, cada vez más de elementos religiosos, mientras que la Iglesia, por su parte, no puede liberarse en absoluto del Estado, sino que debe someterse a su control. La eliminación de los elementos religiosos, sin embargo, es una obra a medias; en cada uno de los huecos que surjan en ella deberá hacer acto de presencia algo más perfecto. Así sucede, por ejemplo, con el sustituto del juramento, que consistirá en su reducción a su figura originaria y verdadera, esto es, a «la pura apelación a los poderes de la conciencia y al medio de vinculación natural de un trato honrado, es decir, la apelación a la santidad, sacralidad e inviolabilidad de la fidelidad». Pues el juramento, como recuerda Dühring, no ha sido inventado por el poder público; incluso la relación religiosa no es lo esencial en él[77]. Mediante la pérdida de las «cosas ultramundanas» *[Jenseitigkeiten]* podrán ponerse en funcionamiento muchas fuerzas en la dirección correspondiente; crecerá el valor de la vida y de sus importantes instituciones; la familia obtendrá una superior dedicación, y la estirpe y la nación llegarán a ser objeto de una creciente participación. Por eso, la pérdida para el Estado de las «cosas ultramundanas» solo puede ser algo deseable, pues le viene bien todo aquello que, «apartando los fantasmas, es generado para la realidad»[78]. A esto se debe que el Estado actúe en su interés más propio cuando acelera lo más posible la erradicación de los elementos religiosos. Si el Estado quiere ser verdaderamente moderno y ganarse la simpatía de los pueblos modernos, debe configurarse siempre cada vez más en el sentido de este espíritu de los pueblos. Pero haciéndolo entra en contradicción irreconciliable con la cristiandad. Si el Estado quiere, por ejemplo, un matrimonio justo, entonces este no puede ser cristiano, puesto que el cristianismo, como Dühring observa con acierto, especialmente con la vista puesta en la concepción de esta institución por el apóstol Pablo, mantuvo desde el comienzo una mala relación con el matrimonio.

 Dühring nunca olvida destacar que el sustituto de la religión no es asunto del Estado, y que el portador propiamente dicho de la dirección espiritual ha de ser la sociedad. Acentúa expresamente que la minoría de individuos más llenos de carácter y dotados será siempre el punto de partida desde el cual

[77] P. 248 y ss.
[78] P. 248.

Intentos modernos de sustituir a la religión

se efectúa la elevación del nivel general; que, por consiguiente, los Gobiernos no podrán hacer algo decisivo en la disposición que está en cuestión antes de que la sociedad tome la iniciativa del cambio[79]. El Estado solo podrá intervenir cuando la nueva doctrina haya encontrado eco en amplios estratos de la sociedad mediante una serie de procesos impulsados por los mejores. No hay indicios de que la dirección espiritual pueda verse estorbada por una nueva religión que domine el mundo. No obstante, aún pueden hacer acto de presencia nuevos fundadores de religión y ganar seguidores entre los pueblos que se encuentran en un nivel cultural inferior, sin contar con que «bajo las relaciones modernas, una nueva superstición, que no tiene por qué ser una nueva transformación formal de la antigua, podría alcanzar el dominio sobre las naciones cultas que marcan la pauta»[80]. Pero lo que establece una diferencia entre los fundadores de religión y los representantes de la nueva dirección espiritual es que aquellos hablaron en nombre de una autoridad imaginaria, mientras que estos han de hablar y actuar «en nombre del espíritu de los pueblos modernos».

Que el hundimiento de la religión cristiana debía suceder con necesidad, es algo que para Dühring no ofrece ninguna duda. Como observa nuestro filósofo con acierto, a la larga, no existirá una resistencia contra el sustituto de la religión, salvo la basada en la falsa costumbre de los ánimos, especialmente la esperanza relacionada con la muerte, artificialmente estimulada, y en las miserias que conducen a desesperar de la vida[81]. Por lo demás, ya hemos apuntado qué clase de cambio habrá de producirse aquí en los pensamientos gracias al sustituto de la religión.

[79] P. 262.
[80] P. 263.
[81] P. 265.

Aunque nosotros coincidimos en la mayoría de los puntos con el escritor de *La sustitución de la religión por algo más perfecto,* incluso prescindiendo de la concepción materialista que se encuentra en su fundamento, no podemos sino considerar insuficiente su intento desde algunos puntos de vista. Ya destacamos que Dühring, por lo que se refiere a la posición del hombre frente a la naturaleza, no tiene en cuenta, en absoluto, el momento consistente en verse condicionado por esta ni la conmoción cargada de respeto que se siente al contemplar tanto el fundamento como el proceso del mundo —una conmoción que sería, en cualquier caso, conciliable con el punto de vista filosófico de Dühring—. En relación con la guía práctica de la vida, ha de indicarse que una de las carencias de la obra de Dühring es que él únicamente acentúa el perfeccionamiento moral, mientras que sería necesario destacar, igualmente, la espiritualización, el embellecimiento y la idealización general de la vida. La religión también apunta al perfeccionamiento moral, por lo que su sustituto debe superar esta unilateralidad, preparando al mismo tiempo una concepción superior, más espiritual e ideal, de las cosas. Dühring, ciertamente, ha acentuado otros momentos, pero sin la suficiente intensidad ni el ardor que conviene. Así, concede que no podría haber ningún ideal último para el hombre sin, no obstante, concebir estos pensamientos en su entera significación, ni sin darles a los mismos una expresión vivaz[82]. Como hemos visto, Dühring destaca que la nueva doctrina habría de ser captada primero por los individuos mejores y más dotados de carácter, y luego comunicada a través de ellos a una minoría. Solo que, ¿*cómo*

---

[82] Dühring dice solamente, en la p. 256: «Siempre quedará algo para la iniciativa de los pocos. Pues, en caso contrario, está claro que se acabaría ese tipo de creación que, por lo que muestran todos los fenómenos, es el único que resulta pensable hasta ahora en la naturaleza».

Intentos modernos de sustituir a la religión

ha de concebir dicha doctrina esa pequeña minoría que marca la pauta, para que también se dé un nuevo movimiento en clases más amplias? Es evidente que de una manera *entusiasta y apasionada [enthusiastischer, leidenschaftlicher Weise],* que no excluye alguna exaltación incluso para los pioneros. La obra misma de Dühring no fue capaz de entusiasmar a nadie. En cambio, del libro de William Mackintire Salter, *La religión de la moral,* emana otra fuerza. El mismo título ya nos dice que este libro, por lo que respecta al pensamiento que contiene, se corresponde, en el fondo, mucho menos a la idea de un sustituto de la religión que el intento realizado por Dühring. Sin embargo, desde el inicio de la obra Salter logra expresar el pensamiento del que se ocupa con más ardor. Sabe que la nueva doctrina no puede ganar poder sobre los ánimos por el camino del simple razonamiento, sino que exige un sentimiento y un lenguaje que sean capaces de entusiasmar.

IX

La religión de la moral parece hacer progresos en América. Hay en Nueva York una sociedad para la cultura ética dirigida por Félix Adler, el creador de un poema, *The City of the Light*[83], en el cual, a la manera de las visiones del futuro

[83] «1. Hail the glorious Golden City, / pictured by the seers of old! / Everlasting light shines o'er it, / Wondrous tales of it are told: / only righteous men and women / dwell within its gleaming wall; / wrong is banished from its borders, / justice reigns supreme o'er all. // 2. We are builders of that city; / all our joys and all our groans / help to rear its shining ramparts; / all our lives are living stones: / whether humble or exalted, / all are called to task divine, / all must aid alike to carry / forward one sublime design. // 3. And the work that we have builded, / oft with bleeding hands and tears, / and in error and in anguish, / will not perish with our years: / It will last and shine transfigured / in the final reign of right, / it will merge into the splendours / of the City

creadas por Shelley, proyecta una imagen de un orden futuro de la sociedad en el que domina una justicia perfecta. W. M Salter, asimismo, es el fundador de una comunidad concreta en Chicago. Salter no es, en absoluto, un espíritu superior, pero sí un espíritu noble, puro, atrevido y entusiasta. Para él, la moral es un principio, una ley superior, el único objeto que puede estimular el temor y el respeto sagrado, la única ley que puede existir entre los hombres; se trata, asimismo, de una ley que el hombre no crea, sino que encuentra previamente, y que también existe cuando los hombres no se someten a ella, puesto que no actúa universalmente, ni de manera irresistible, como la ley de la gravitación; además, es el único tipo de ley universal por la cual las cosas devienen lo que han de llegar a ser. Hay algo arrebatador en la fogosidad con la que Salter aboga por la idea de la justicia universal —aun cuando también él pone, como veremos a continuación, una confianza demasiado audaz en la naturaleza humana—; y su noble entusiasmo se corresponde con la eficaz belleza de su discurso, que fluye del corazón.

of the Light». [1. ¡Salve, gloriosa ciudad dorada, / descrita por los videntes de antaño! / La luz eterna brilla sobre ella, / y sobre ella se cuentan historias maravillosas: / solo hombres y mujeres rectos / habitan dentro de su reluciente muro; / los que yerran son expulsados de sus fronteras, / y la justicia suprema reina sobre toda ella. // 2. Somos nosotros los constructores de esta ciudad; / todas nuestras alegrías y lamentos / contribuyen a alzar sus brillantes murallas; / todas nuestras vidas son piedras vivientes: / ya sea humilde o exaltado, / todos están llamados a la tarea divina, / todos han de ayudar a llevar / adelante un proyecto sublime. // 3. Y la obra que hemos construido, / a menudo con manos sangrantes y lágrimas, / con errores y angustias, / no perecerá con nuestros años: / durará y brillará transfigurada / en el reino final de la justicia, / y se fusionará con el esplendor / de la Ciudad de la Luz». [N. del T.]

Intentos modernos de sustituir a la religión

No podemos aquí seguir al autor, avanzando capítulo por capítulo, sino que nuestro propósito es tan solo introducirnos en algunos puntos principales de la obra[84].

El punto de vista de Salter no es en absoluto unitario; sin embargo, Salter se muestra mayormente inspirado por Kant, tal como muestran sus primeras observaciones sobre el tema. Así, en la p. 23 dice:

Nuestra naturaleza moral es aquella mediante la cual nos elevamos por encima de nosotros mismos y penetramos en una región ideal. La ciencia, con sus métodos de observación y experimentación, está limitada al mundo tal como es; la moral, por su esencia, está centrada en el pensamiento de lo que debería ser. No es una descripción del hombre como él es; tampoco es una copia simple, o un extracto sumario de los hechos de la sociedad. Ella anuncia la ley por la cual el hombre debería actuar y mediante la cual debería ordenarse la sociedad.

Y después: «La moral es, por su esencia, ideal. No es lo que los hombres hacen, sino lo que deberían hacer; ni es lo que desean, sino aquello que deberían desear». En estas proposiciones, tal como están expresadas, se nos ofrece una caracterización demasiado pesimista del estado actual de la sociedad, y

---

[84] Los títulos de los quince capítulos son los siguientes: 1) La religión de la moral; 2) El elemento ideal de la moral; 3) Wendell Philipps, un ejemplo de moral ideal; 4) ¿Qué es una acción moral?; 5) ¿Hay una ley superior?; 6) ¿Hay algo absoluto en la moral?; 7) La doctrina ética de Jesús; 8) ¿Satisface la doctrina ética de Jesús las necesidades de nuestro tiempo?; 9) Éxito y fracaso del protestantismo; 10) Por qué el unitarismo no nos satisface; 11) El ideal social; 12) El problema de la pobreza; 13) La base del movimiento ético; 14) Discurso en el primer aniversario de la sociedad para la cultura moral; 15) Consideración de las objeciones contra el movimiento ético.

necesitan que se les añadan restricciones. Salter habría tenido tan solo derecho a decir que la *mayoría* de los hombres ni practica ni desea la moral, mientras que no cabe negar que ella sea deseada y puesta en práctica por muchos. Sin embargo, aun cuando Salter tiene en poco la medida actual de la moral, considera que el hombre es capaz de la más alta perfección moral. Así, leemos: «Si quieres ver lo *perfecto* debes *crearlo;* hasta ahí sudas en vano sobre la tierra por el cielo; solamente la idea de la perfección está en nosotros; lo perfecto *llegará a ser*»[85]. «Nada le está cerrado al espíritu. Las cosas divinas más perfectas son solamente pensamientos de aquello que puede ser. Nosotros *debemos* llegar a ser *divinos;* debemos hacer de este mundo un *escenario de justicia*»[86], con lo que se presupone que nosotros también *somos capaces* de hacer algo así. Quizás estas proposiciones son demasiado confiadas. Nos está negado absolutamente poner al hombre una meta fija, y hacernos una determinada figura de su capacidad de perfeccionamiento. El maestro de moral no puede hacer otra cosa que incitar al hombre, y esperar que él sea capaz de perfeccionarse cuando marche solo. Hay en esta obra del maestro de moral de Chicago, por lo demás tan adecuada y elevada, cierta carencia de sano realismo, de una justa apreciación de la realidad y una incapacidad para darse cuenta de que lo posible no es ya, por sí mismo, algo cierto. La meta de la moral la ve Salter en la felicidad general, una concepción que, como ya indicamos anteriormente, es errónea. En ese punto Salter se muestra de nuevo kantiano, al atenerse a la libertad de la voluntad, bajo la cual está claro que él solo puede entender la libertad inteligible.

Salter pone el énfasis en la división de la acción moral, destacando los siguientes momentos: una acción moral debe

---

[85] P. 6.
[86] P. 8.

Intentos modernos de sustituir a la religión

ser nuestra propia acción; deben pretenderse en ella buenos resultados; debe cumplirse voluntariamente; no debe haber en sus fundamentos ningún motivo de interés propio, y ha de suceder partiendo de un principio. Resumiendo, el resultado de su análisis dice[87]:

> No es fácil, ni nada pequeño ni mezquino, cumplir una acción moral. La dignidad del hombre radica en su capacidad para actuar así; en que no necesita seguir a la masa; en que puede verse determinado por sus pensamientos; en que quiere libremente el bien; en que él, al hacerlo, puede desprenderse de sí mismo; en que sea capaz de reprimir todos sus vagos impulsos y apetencias, y pueda dejar que su vida refleje el cielo puro de los principios. Esto es lo que significaría, me parece a mí, ser un hombre: elevarse por encima de las preocupaciones y no ser ya esclavo del temor o de la esperanza. La única esperanza habría de ser para él la de llegar a ser cada vez más veraz; y el único temor que sus pensamientos y metas se vean capturados y arrastrados por algún tipo de intereses inferiores, que tan cerca le quedan siempre del hombre, y resultan tan tentadores para él.

Y luego, en el mismo capítulo, dice estas palabras tan bellas:

> Una acción moral no es un hecho externo ni algún tipo de acto aislado y especial. Todas las así llamadas acciones morales son, según todo lo dicho, en verdad, expresiones parciales de una acción, y esta es la intención conjunta del alma, la acción de la vida. Pues, sin tener en cuenta todas las pequeñas desviaciones, nos movemos en una dirección o en la otra. Ninguna acción aislada de las que hacemos cuenta, salvo cuando dicha acción es una parte de mi propósito, que va más allá de ella. Y ningún

[87] P. 81.

propósito es suficiente si no abarca la vida entera y todo su posible futuro.

El tipo de consuelo que le ofrece la religión de la moral al moribundo se extrae del siguiente pasaje[88]:

Me gustaría iniciar al moribundo en los principios inmortales. Me gustaría dejarle que medite en ellos; en que la justicia no muere porque él muera, ni el amor deja de hacer valer sus pretensiones porque el amor que alberga su propio corazón vaya pronto a apagarse. Me gustaría dejarle pensar que, aunque la justicia y el amor no hayan encontrado en todo el pasado ningún acceso al corazón humano, hubieran debido encontrar dicha entrada, puesto que es allí donde tienen su lugar; allí radica su significado, siendo ellos el modelo indeleble según la cual la vida humana debe configurarse en el futuro. Estas leyes son permanentes y parecen darles a quienes las toman en consideración algo de su propia firmeza; dan testimonio de que, tanto en su fuero interno como externamente, el hombre está ligado al orden eterno de las cosas.

El capítulo «¿Hay algo absoluto en la moral?» habría que recomendárselo a todos aquellos para los que la moral es solamente un asunto de opinión y de la moda.

Salter parece sobrevalorar, en general, la doctrina de Jesús en la sección «La doctrina ética de Jesús», mientras que en el siguiente capítulo: «¿Satisface la doctrina ética de Jesús las necesidades de nuestro tiempo?» llega al resultado de que tal doctrina solo es un «anuncio parcial» de los principios morales que precisa nuestra época, por lo que no satisface ciertas necesidades modernas, como la necesidad de *certeza y honradez*

---

[88] P. 137.

Intentos modernos de sustituir a la religión

intelectual, la necesidad de *conceptos políticos y de una moral política superiores* y, en tercer lugar, la necesidad de una nueva *explicación del fin de la existencia humana*. Sin embargo, Salter no toca otras carencias de la doctrina moral de Jesús. El capítulo sobre el problema de la pobreza es muy bello. El escritor posee una aguda mirada para las lacras sociales, así como una profunda simpatía por la multitud de individuos que son engañados cruelmente en lo que se refiere a sus derechos humanos, mientras que muchos no tienen la sensación siquiera de que la pobreza sea un problema.

La causa principal y profunda de la pobreza —dice Salter, elocuentemente—, radica en que la riqueza que los pobres contribuyen a crear solamente regresa a sus manos en escasa medida. Ellos trabajan, y su trabajo cuenta y dura; pero no reciben nada por ello, fuera de lo que es justamente necesario para mantenerse capaces de trabajar. No obtienen ningún provecho de su trabajo; no obtienen, en sentido estricto, ningún sueldo por él, sino tan solo aquello que necesitan para realizar ese trabajo. Esto es inmoral; pero cuán fácilmente se oscurece la percepción de los derechos en el hombre, se muestra por el hecho de que pocos, y raramente incluso los trabajadores, lo tienen por inmoral.

Por eso Salter se dirige a los patronos como aquellos que pueden poner remedio a dicha situación, y la sección acaba con las sencillas, pero cálidas palabras:

Es mejor que os restrinjáis; es mejor, incluso, padecer, que cometer una injusticia contra otro. Entonces podremos nosotros mismos, en la medida en que somos directamente patronos, dar ejemplo a los trabajadores con nuestra propia conducta del método ideal para tratar el trabajo. Lo diré con franqueza: si queremos mejorar a los demás, primero hemos de mejorarnos a nosotros mismos[89].

[89] Son interesantes algunas manifestaciones sobre nuestro tema de Ralph Waldo Emerson. Así, dice en *La conducta de la vida* (edición alemana, p. 146 [Emerson, R. W., *La conducta de la vida*, ed. de J. Alcoriza y A. Lastra, Pre-Textos, Valencia, 2004, p. 174]): «Decís que ahora no hay religión. Es como decir que no hay sol cuando llueve, cuando somos testigos de uno de sus fenómenos superlativos. La religión de la clase culta consiste ahora, a buen seguro, en evitar actos y compromisos que antes asumían por su religión. Esto producirá formas espontáneas a su debido momento». Y en la p. 155 [*ibid.*, pp. 191-192]: «La religión que ha de guiar y satisfacer en la época presente y venidera, cualquier que sea, debe ser intelectual. La mente científica debe tener fe en la ciencia. "Hay dos cosas que aborrezco", dijo Mahoma, "el sabio en su infidelidad y el necio en su devoción". Nuestra época se muestra impaciente con ambos, y en especial con el último. No admitamos nada ahora que no sea su propia prueba. Seguramente hay bastante para el corazón y la imaginación en la religión misma. No nos molestemos con aserciones y medias verdades, con emociones y resuello.

Habrá una nueva Iglesia fundada en la ciencia moral, al principio fría y desnuda, de nuevo un niño en un pesebre, el álgebra y las matemáticas de la ley ética, la iglesia de los hombres por venir, sin caramillos, salterios o sacabuches; pero tendrá el cielo y la tierra como vigas y pares; la ciencia como símbolo e ilustración; reunirá rápidamente la belleza, la música, la pintura y la poesía. Nunca ha habido un estoicismo tan firme y exigente como este. Enviará al hombre a su soledad central, hará que se avergüence de los modales sociales, suplicantes, y le hará saber que mucho de cuanto tiene se lo debe a su amigo. No esperará cooperación, caminará sin compañía. El pensamiento anónimo, el poder anónimo, el corazón superpersonal, serán su único reposo. Necesita solo su propio veredicto. La buena fama no puede ayudarlo ni la mala fama herirlo. Las leyes son su consuelo, pues las buenas leyes están vivas, saben si las hemos observado y lo animan con la guía de un gran deber y un horizonte infinito. El honor y la fortuna existen para aquel que reconoce siempre la vecindad de las grandes causas, que siempre se siente en presencia de causas elevadas».

Intentos modernos de sustituir a la religión

X

Nuestra investigación arroja como resultado que Feuerbach, Dühring, Duboc y Salter son quienes han expuesto de manera más satisfactoria los elementos que habría de incluir un sustituto superior de la religión, sin que, sin embargo, ninguno de los pensadores citados haya sido capaz de lanzar una mirada de conjunto sobre estas partes componentes ni haya conseguido ligarlas orgánicamente unas con otras; ninguno de ellos, tampoco, ha sabido acentuar suficientemente aquellos elementos que, reunidos, debería contener un sustituto de la religión.

Vemos que, en primer lugar, un sustituto perfecto de la religión tendría que precisar más estrictamente la relación del hombre con la totalidad del mundo *[das Verhältnis des Menschen zum Weltganzen]*, y además erigir un ideal *[ein Ideal]* para el hombre que se esfuerza y actúa. No se describe suficientemente la relación del hombre con lo universal ni mediante la conciencia de su limitación *[Bewußtsein der Bedingtheit]*, ni mediante la confianza en las últimas potencias y en el proceso del mundo *[Vertrauen in die letzten Weltmächte und in den Weltprozeß]*, ni, finalmente, mediante el respeto hacia las fuerzas configuradoras del universo *[die Ehrfurcht vor den gestaltenden Kräften des Weltalls]*, que ha de ir unido al reconocimiento, cuando penetramos profundamente en los fenómenos, de que nos rodea un misterio *[Geheimniß]*: cada una de estas relaciones, considerada por sí misma, queda sin concretarse de un modo preciso. Son tan solo, más bien, diferentes facetas de aquella primera relación, y solo tomadas en conjunto son capaces de expresar plenamente lo que el hombre debe sentir frente a lo universal. El pensador y la obra capaces de crear una doctrina que estuviese en condiciones de sustituir la religión de una manera perfecta y justificada en todos los ámbitos deberían ser capaces de exponer de manera efectiva todas las relaciones mencionadas. Pero, además, tendrían que ser capaces de exponer el ideal según el cual el sustituto perfecto de la religión debería enseñar al hombre a esforzarse por configurarse de manera más perfecta y polifacética de lo que hasta ahora se ha señalado. Pues el ideal es concebido, principalmente, como un ideal moral. Es cierto que Comte no se cansó de repetir que él había considerado todas las facetas de la naturaleza superior del hombre, pero en su exposición tanto la perfección intelectual como la estética parecen demasiado dominadas por las pretensiones de la moral. Para la mayoría de los demás pensadores, cuyas ideas hemos elogiado, el concepto de un sustituto de la religión brota del hombre moral, que es el que se esfuerza y actúa. Sin embargo, como ya advertimos una vez, no se trata solo de una moralización, sino también de una espiritualización de la vida. Un nuevo entusiasmo por todos los factores superiores *[ein neuer Enthusiasmus für alle höheren Faktoren]*: este sería el sustituto perfecto de la religión en lo que se refiere a las directrices para guiar la vida. Una concepción más ideal de las cosas, una espiritualización, incluso, de la actividad más ínfima; una visión de la vida más llena de coraje y de confianza, más alegre y elevada: esto es lo que nos hace falta. El amor propio del hombre debe llegar a ser distinto, más correcto. Una potencia superior no se preocupa, en todo caso, por cada uno de sus pensamientos ni por su acción más insignificante; y la esperanza de una inmortalidad personal es, desde luego, el sueño de todos los sueños. Bastaría con que se despertase en todos y cada uno de los seres humanos la conciencia de que en ellos reside el germen de un desarrollo superior, y que incluso la naturaleza más limitada es capaz de elevarse a una esfera ideal. El pensamiento de que la misma naturaleza apela al hombre para desplegar las capacidades superiores, que solo a

Intentos modernos de sustituir a la religión

él le pertenecen, y de que el hombre, cuando vive su vida más propia, colabora armónicamente con el fundamento más profundo de las cosas, debería ser para él un poderoso impulso. No se plantea con ello una meta determinada para su esfuerzo. Lo único que se le puede decir al hombre es: ¡esfuérzate, para que aún te puedas esforzar más elevadamente, y siéntete en tu esfuerzo —para repetir las palabras de Emerson— «en presencia de causas elevadas»!

No se nos pasa por alto que, en las principales naciones cultas modernas, una doctrina que sirva de sustituto perfecto de la religión no tendrá perspectivas de encontrar también acceso a los estratos profundos del pueblo hasta que las relaciones sociales existentes hasta ahora dejen lugar a un orden más justo. Mientras amplias clases de seres humanos pasen su vida en la servidumbre de un trabajo impuesto, que les arrebata su nobleza y ha de realizarse sin alegría, y sin posibilitar otra cosa que su mínimo existir físico; mientras esta situación se prolongue, digo, no cabe esperar un salto espiritual general ni una concepción superior de la vida. Primero se debe conseguir un gran progreso social, y debe dársele a la cultura moderna un fundamento material diferente; pero ¡luego se hará valer, siempre y de manera más general, la necesidad y la aptitud de elevarse por encima y más allá de la religión hacia concepciones superiores!